ACCESO GRATIS *a la Lectura en la Nube*

Para visualizar el libro electrónico en la nube de lectura envíe junto a su nombre y apellidos una fotografía del código de barras situado en la contraportada del libro y otra del ticket de compra a la dirección:

ebooktirant@tirant.com

En un máximo de 72 horas laborales le enviaremos el código de acceso con sus instrucciones.

La visualización del libro en **NUBE DE LECTURA** excluye los usos bibliotecarios y públicos que puedan poner el archivo electrónico a disposición de una comunidad de lectores. Se permite tan solo un uso individual y privado

LA FACULTAD REGLAMENTARIA PRESIDENCIAL

LA FACULTAD REGLAMENTARIA PRESIDENCIAL

Ignacio Vázquez Flota

tirant lo blanch
Ciudad de México, 2024

En caso de erratas y actualizaciones, la Editorial Tirant lo Blanch publicará la pertinente corrección en la página web www.tirant.com.

EDITA: TIRANT LO BLANCH
Av. Tamaulipas 150, Oficina 502
Hipódromo, Cuauhtémoc,
CP 06100, Ciudad de México
Telf: +52 1 55 65502317
infomex@tirant.com
www.tirant.com/mex/
ISBN: 978-84-1056-150-2

Si tiene alguna queja o sugerencia, envíenos un mail a: *atencioncliente@tirant.com*. En caso de no ser atendida su sugerencia, por favor, lea en *www.tirant.net/index.php/empresa/politicas-de-empresa* nuestro procedimiento de quejas.

Responsabilidad Social Corporativa: http://www.tirant.net/Docs/RSCTirant.pdf

A mis amores:
Suemy, Ángel Ignacio y Kevin Leonardo;
A la estrella que ilumina mi horizonte.

Índice

Introducción

En el mes de diciembre del año dos mil se publicó en el Diario Oficial de la Federación una reforma a diversos artículos de la Ley del Seguro Social, entre ellos el 256 y se estableció que los trabajadores de confianza de dicho Instituto dejaban de tener los derechos previstos en el Contrato Colectivo, esto causó revuelo entre los directivos de dicho Instituto en Quintana Roo y fui objeto de muchas consultas y solicitudes de Amparo en contra de tal reforma, sin embargo al existir un artículo transitorio que señalaba que solo aplicaba para los trabajadores de nueva contratación no fue necesario promover Amparo alguno.

No obstante lo anterior me quedó la inquietud y a pesar de haber dejado al Instituto consideré y considero que es inconstitucional que mediante la Ley del Seguro Social se excluya a un grupo de trabajadores de los beneficios del Contrato Colectivo de Trabajo, ya que en todo caso lo procedente era modificar tal documento; paralelamente a ello, considero igualmente inconstitucional que el Consejo Técnico de dicho Instituto emita un Estatuto en el cual determine cuáles son los derechos de los trabajadores de confianza "A" (que por cierto en la Ley Federal del Trabajo solo hay trabajadores de confianza sin distinguir en A y B), ya que hacer lo anterior es delegar la facultad de legislar en un órgano del poder ejecutivo.

Finalmente la Corte ha resuelto que vista la modificación hecha posteriormente al Contrato Colectivo de Trabajo, los trabajadores ingresados a puestos denominados como de Confianza A en dicho Instituto que sean posteriores a la citada modificación carecen de derecho a las prestaciones del Contrato Colectivo de Trabajo, con lo que entre tener los pocos beneficios del Estatuto o tener los aún menores de la Ley Federal del Trabajo, a dichos trabajadores les conviene tener los beneficios del Estatuto.

Sin embargo, dicho análisis fue tomando forma para hacer el presente trabajo respecto de dicha constitucionalidad y posteriormente evolucionó a hacer este pequeño análisis sobre la facultad reglamentaria del Presidente de la República.

Resulta obvio señalar que, en los gobiernos absolutistas, con un rey, un emperador y en general con un monarca, el poder estaba concentrado en una sola persona, por lo tanto, resulta innecesario analizar si en determinado momento realizaba un acto materialmente legislativo, judicial o ejecutivo. Es a partir de la disminución y/o pérdida de este poder absoluto cuándo empieza la evolución de esta división de poderes.

La división de poderes la encontramos en la primera constitución formal que es la de Estados Unidos de América, que tomando parte de lo establecido en Inglaterra de la cual se liberaron, realizan una división de poderes sin la presencia de un monarca, por otra parte podemos encontrar en Francia que, cansados los abusos de la monarquía deciden establecer una división de poderes, un sistema de contrapesos para evitar que uno de ellos en especial el ejecutivo se imponga a los demás, ya no querían volver a sufrir los abusos del poder monárquico y por eso las ideas de Locke, Montesquieu y Rousseau tuvieron éxito, estableciendo de esta forma la división hoy clásica de los poderes Ejecutivo, Legislativo y Judicial. Es decir que la soberanía plenipotenciaria de los monarcas que antes actuaban ilimitadamente, sometiéndose exclusivamente a su voluntad fue sustituida por la constitución.[1]

Sin embargo dicha división no es absoluta y no tiene necesariamente que serlo, la concepción de Montesquieu no era precisamente para que la única labor del legislativo sea crear normas *lato sensu* (en sentido amplio), del Judicial administrar justicia y del Ejecutivo la aplicación en el ámbito administrativo o de gobierno de las normas creadas por el poder legislativo, emulando a Carmen Iglesias nos permitimos señalar que no es este el lugar para recordar exhaustivamente la larga polémica sobre la fide-

---

1 Cfr. RODRÍGUEZ Marcos del Rosario. La cláusula de la supremacía constitucional. Editorial Porrúa. México. 2011. p 2.

lidad o no del modelo original inglés, pero si tomar en cuenta que el concepto del barón de La Brède era relacionado con tres fuerzas sociales a saber: el rey, la nobleza y el pueblo, por medio del ejecutivo y de las cámaras alta y baja del legislativo, ya que según diversos autores consideraba nulo al judicial. Es decir, que reproduce el modelo inglés pero no le otorga un valor universal, siendo lo importante recoger esa distribución de poderes adaptada a las circunstancias de cada pueblo, de tal suerte que todo abuso de poder podía ser corregido, él cree en una combinación de poderes, ponerles lastre para que uno resista al otro.[2] En la misma forma en los Estados Unidos de América también existe dicha facultad reglamentaria en su constitución[3]. Como precisamente bajo esta concepción del poder ejecutivo existe hoy en día la facultad reglamentaria que es la que motiva el presente trabajo, por lo que habrá que ver cuales son las características de la misma para determinar su límites, es decir, definir qué es esa facultad reglamentaria, su fundamento legal y sobre todo constitucional, lo que se puede o no establecer en los reglamentos y en general normas emitidas por el ejecutivo, en específico de carácter federal, es decir el Presidente de la República.

También es importante hacer un análisis sobre quién tiene dicha facultad reglamentaria, el Presidente de la República o el Poder Ejecutivo que desde luego no es lo mismo.

Esta división de poderes podemos afirmar que tiene como finalidad la limitación del poder político para evitar los excesos del mismo y la afectación en la esfera jurídica de los particulares, lo que con el paso del tiempo se convirtió en pilar del constitucionalismo.[4]

Desde luego, es preciso señalar desde este momento que no es la división de poderes el tema que nos ocupa, pero es necesa-

---

2 Cfr. IGLESIAS Carmen. El pensamiento de Montesquieu, ciencia y filosofía en el siglo XVIII. Editorial Galaxia Gutenberg. Barcelona 2005, pp. 492-496.

3 Vid infra. 1.2.1 Estados Unidos de América.

4 Cfr. RODRÍGUEZ Marcos del Rosario. Op. Cit. pp. 11 y 12.

rio establecer la existencia de este, así como la supremacía de la Constitución y de los Tratados Internacionales, y el control constitucional, ya que no podríamos realizar un estudio de constitucionalidad por ir una norma emitida por el ejecutivo en contra de lo dispuesto en la Constitución, o que una norma es inconvencional o como nos atrevemos a decir "intratacional" por ir en contra de lo dispuesto por un convenio o un tratado internacional suscrito por nuestro país, sin antes hablar de dicha división de poderes, supremacía y de los tratados internacionales y desde luego de los sistemas de control de la constitucionalidad y convencionalidad. Lo anterior en virtud de que no debemos olvidar que conforme al artículo primero primer párrafo Constitucional en nuestro país todas las personas gozarán de los derechos humanos reconocidos por dicha Constitución y por los tratados internacionales de los que sea parte, los cuales conforme al artículo 133 son la Ley Suprema de toda la Unión.[5]

Consecuentemente al hablar de los límites previstos en la Constitución se hará un análisis breve de la división de poderes, la supremacía constitucional y el control de constitucionalidad.

Emulando a Eber Betanzos[6] nos permitimos señalar que, con esta obra, de ninguna manera se agota el tema, solamente se marcan las pautas para la construcción de un catálogo que nos permita conocer los límites que motivan este estudio, sea en base a nuevos razonamientos de estudiosos de la materia o de la jurisprudencia que emita la Corte.

---

5 Cfr. MÁRQUEZ Rábago Sergio. Constitución política de los Estados Unidos Mexicanos, comentada y con jurisprudencia. Porrúa Print. México 2017. pp. 1 y 511.

6 Cfr. BETANZOS Eber. La justicia de los jueces. Reflexiones a partir de la teoría de la justicia de John Rawls. Editorial Porrúa. México 2013. p. XVI.

Capítulo primero

ANTECEDENTES HISTÓRICOS

1.1 La monarquía.

Hablar de la elaboración de leyes, reglamentos y demás normas, necesariamente nos lleva a la etapa previa al tema que pretendemos relativo a la facultad del poder ejecutivo para crear normas de carácter general, es decir a la etapa de la monarquía, en la cual nuestra hoy común división de poderes era inexistente, es decir no existía un poder legislativo con una labor principal de crear leyes, un poder judicial con una labor principal de juzgar y un poder ejecutivo que aplicaría las leyes que produzca el legislativo. El rey o monarca era comúnmente el soberano absoluto y quién establecía las leyes y desde luego las podía modificar en el momento que desee, además obviamente de juzgar con las formalidades que desee o sin ellas y más aún la facultad de gobernar su territorio. No debemos de olvidar que incluso se pensaba que el poder de los reyes tenía un origen divino, es decir que estas personas gobernaban por designio de Dios y que muy comúnmente las religiones (que se veían beneficiadas con esta unión) respaldaban ese carácter divino y eran quienes investían a los reyes o validaban su poder.

Ya el Rey Sol Luis XIV decía "*L'État Cest moi* " (el Estado soy yo), refiriéndose a que el era el titular de los tres poderes antes mencionados, podemos atrevernos a considerar que con el Rey Juan I de Inglaterra en el año 1215 surge el primer esbozo de Constitución y de ahí la simiente de la división de poderes. Como es conocido, el monarca "Juan sin tierra" al no tener recursos económicos suficientes se ve en la necesidad de negociar los mismos con los señores terratenientes o latifundistas, los cuales acceden a darle el apoyo económico que pretendía a cambio de que este firme y se comprometa a cumplir ciertas normas que a partir de ese momento se considerarían inviolables por el rey, firmando la Magna Carta Libertatum y surgiendo así entre otras cosas un esbozo de Constitución al otorgar garantías a los gobernados (señores feudales) y como ya se ha dicho el inicio de la división de poderes al empezar a limitar aunque sea ligeramente el enorme poder del monarca. Mateos Santillán nos señala que inicialmente se negó a firmar tal documento porque ello le transformaría de rey a vasallo, sin embargo, cuando los barones se proclamaron en ejército y entraron a Londres el 24 de mayo de 1215, se vio obligado a firmar el 9 de junio de ese año a orillas del río Támesis, no obstante ello después acudió al Papa para que lo eximiese de su obligación firmada, por lo que los barones lo volvieron a combatir hasta su muerte en 1216, siendo que dicha Carta Magna fue ratificada por sus sucesores.[7]

Rodolfo Lara señala que dicha Carta Magna no es en sí una constitución en el sentido que actualmente se le otorga a ésta ya que no contiene órganos de gobierno, ni definía sus poderes, afirma que es un pacto entre el rey y los barones, producto de una protesta en contra del primero y para protegerse de su abuso de poder, sin embargo, tiene avances importantes como lo es la cláusula 39 que equivale en la actualidad a la "garantía de audiencia" o el "principio de acceso a la justicia" previsto en su cláusula 40.[8]

Dicha Carta Magna señala literalmente en sus cláusulas 39 y 40:

---

7 Cfr. MATEOS Santillán Juan José. "Vertientes ideológicas del derecho constitucional". En BARRAGÁN B. José. *Teoría de la Constitución*. Cuarta Edición. México. 2010. Editorial Porrúa. pp. 66 y 67.

8 LARA Ponte Rodolfo. Los derechos humanos en el constitucionalismo mexicano. México, 1997. Editorial Porrúa- UNAM, pp. 26 a 28.

> Cláusula 39. "Ningún hombre libre será arrestado, o detenido en prisión o desposeído de sus bienes, proscrito o desterrado, o molestado de alguna manera; y no dispondremos sobre él, ni lo pondremos en prisión, sino por el juicio legal de sus pares, o por la ley del país".
>
> Cláusula 40. "A nadie venderemos, a nadie negaremos ni retardaremos el derecho o la justicia".[9]

¿Acaso no nos hace pensar en nuestros artículos 14 y 17 constitucionales, en especial en su texto original?

No debemos pensar por ningún motivo que las constituciones eran para todas las personas, así como en la antigua Grecia la democracia tampoco lo era, esta tenía sus límites de aplicación, es decir solo daban beneficios a los latifundistas, como en el caso de Grecia los esclavos eran considerados cosas y por lo tanto sin derecho alguno.

1.2 Las primeras constituciones, la división de poderes, la supremacía constitucional y su control de constitucionalidad.

Antes de hablar de las primeras constituciones consideramos necesario hacernos la misma pregunta que hizo Lassalle: ¿Qué es una Constitución?, la respuesta no es unívoca y diversos autores nos dan su opinión sobre lo que es para ellos una Constitución, entonces podemos encontrar que el citado autor en su conferencia pronunciada en la ciudad de Berlín en abril de 1862 no define lo que para él es una constitución pero nos señala que es lo que forma la esencia de una constitución para él, ya que entre otras cosas nos dice que no es una simple ley y que debe engendrar a las otras leyes y entonces nos dice que una constitución es la suma de los factores reales de poder del país de que se trate y

---

9 CARTA MAGNA Visible en: https://archivos.juridicas.unam.mx/www/bjv/libros/6/2698/17.pdf consulta 20 de enero de 2019 a las 23:15 horas.

que dichos factores reales de poder se ponen por escrito y una vez incorporadas al papel se convierten en instituciones jurídicas, en derecho. Señala que una constitución escrita es buena y duradera cuando corresponda a la real, a la que tiene sus raíces en los factores de poder que rigen el país. Concluye que los problemas constitucionales no son problemas de derecho, son problemas de poder, ya que las verdaderas constituciones residen en factores reales y efectivos de poder.[10]

Kelsen al hablar de la Constitución y las normas que derivan de la misma expresa: "*Norma fundante básica, hipotética en ese sentido, es así el fundamento de validez supremo que funda la unidad de esta relación de producción*".[11]

Roberto Blanco nos señala que las revoluciones francesa y norteamericana darían nacimiento a la constitución; en el primer caso concebido como un documento político que se limita a organizar el funcionamiento de los poderes del Estado (básicamente del legislativo y del ejecutivo) y en el segundo como un documento jurídico que se conforma como la norma básica del ordenamiento jurídico estatal, y que no solo es obligatorio para los poderes públicos, también implica las relaciones entre dichos poderes y los particulares y se configura como un auténtico y supremo derecho del Estado. Señala así también que conforme al artículo 16 de la Declaración de Derechos del Hombre y el Ciudadano, toda sociedad donde la garantía de los derechos no está asegurada, ni determinada la separación de poderes no tiene Constitución.[12]

---

10 Cfr. LASSALLE Ferdinand. Que es una Constitución. Segunda edición Ariel Derecho. España. 2002. Editorial Ariel, S.A. pp. 77 a 120.

11 KELSEN Hans. Teoría pura del derecho. Traducción original del alemán VERNENGO Roberto J. México. 2011. Editorial Porrúa. p. 232

12 Cfr. BLANCO Valdés Roberto L.- La configuración del concepto de constitución en las experiencias revolucionarias francesa y norteamericana.- En: CARBONELL Miguel. Teoría Constitucional y Derechos fundamentales. México 2002. Comisión Nacional de Derechos Humanos. pp. 15 a 21.

En el caso de Tena Ramírez, nos describe que es y señala que desde el punto de vista material está constituida por preceptos que regulan la creación de leyes y desde el formal como un documento solemne que contiene normas jurídicas.[13]

Elisur Arteaga nos lanza dos definiciones, una muy sencilla pero clara y otra más completa y que son las siguientes: a) Una constitución es un complejo normativo de naturaleza suprema y fundamental; y b) Es un conjunto de normas dispuestas sistemáticamente con el propósito de organizar un estado; ellas regulan el uso del poder, garantizan el respeto de las libertades y permiten el ejercicio de derechos; son de jerarquía superior, permanentes, escritas, generales y reformables.[14]

Nosotros en una forma tal vez simplista nos atrevemos a definir la Constitución como el conjunto de normas jurídicas supremas y fundamentales que contienen los derechos de sus habitantes, los órganos del Estado, sus competencias y la forma de organización y los requisitos para la modificación de la misma.

Con respecto de la clasificación de las Constituciones en forma breve exponemos que atendiendo a su formulación pueden ser escritas también llamadas codificadas o dispersas también llamadas no escritas (derecho consuetudinario); en relación a su reformabilidad son rígidas o flexibles, siendo éstas últimas fáciles de reformar y las primeras llevan un proceso más complicado para poder obtener su reforma (aunque hemos comprobado en nuestro país que a pesar de ser una constitución rígida la mayoría de los presidentes le hacen decenas de reformas, ello derivado de la enorme predominancia del Presidente de la República); finalmente, pueden ser constituciones otorgadas, cuando el gobernante hace una concesión como el caso de la

---

13 Cfr. TENA Ramírez Felipe. Derecho Constitucional Mexicano. Trigésima Séptima Edición. México 2005. Editorial Porrúa. pp. 21 a 25.

14 ARTEAGA Nava Elisur. Derecho Constitucional. Cuarta edición. México, 2013. Universidad Autónoma Metropolitana, Editorial Oxford University Press. p. 2.

Carta Constitucional de Luis XVIII de 4 de junio de 1814, o los gobiernos dictatoriales que asumen el poder por vía de la fuerza y conceden algunas garantías a la población como Francisco Franco en España, Augusto Pinochet en Chile; las constituciones impuestas como el caso de la de Cádiz que se analiza en este trabajo y las Constituciones pactadas que son resultado de la lucha de clases.[15]

A partir de la Declaración de los derechos del hombre y el ciudadano hecha en 1789, así como las Constituciones Estadounidense de 1787 y francesa de 1791 el principio de división de poderes pasó a ser algo esencial en el constitucionalismo moderno, como señala Ferrer Mac-Gregor, con Locke y Montesquieu surgen las ideas sobre la división del poder y sirven para el establecimiento de los derechos fundamentales al igual que para la limitación del poder en el constitucionalismo contemporáneo.[16]

Después de la *Magna Carta Libertatum* firmada por "Juan sin tierra" empiezan a surgir diversos documentos aceptados por los monarcas, obviamente no como una graciosa concesión, sino llevados por la necesidad de evitar un conflicto bélico o por haberlo sufrido y haber sido derrotados, en unas ocasiones continuando con la existencia de la figura del rey y en otras desapareciendo inclusive la misma.

Ovalle Favela señala que en el derecho romano (que es uno de los antecedentes más importantes a los que debemos referirnos) no rigió el principio moderno de división de poderes y que este ha llegado a convertirse en un verdadero dogma cuyo significado histórico-político se suele desconocer y que el inspi-

---

15 Cfr. CONTRERAS Bustamante Raúl. Clasificación de las constituciones. En: Teoría de la constitución. BARRAGÁN Barragán José. México. 2010. Cuarta Edición. Editorial Porrúa. pp. 55 y 56.

16 Cfr. FERRER Mac-Gregor, Eduardo. Panorámica del derecho procesal constitucional y convencional. Madrid, Barcelona, Buenos Aires, Sau Paulo, 2013. Editorial Marcial Pons. p. 662.

rador del constitucionalismo moderno es Charles de Secondat, Barón de la Bréde y de Montesquieu y que estas no fueron de su exclusiva creación, habiendo participado muchos pensadores para forjar dicho constitucionalismo como se le conoce hoy en día tales como Aristóteles, Polibio, Cicerón, Marsilio de Padua, Bodin, Puffendorf, Bolingbroke y sobre todo Locke. Señala que Montesquieu tratando de transmitir tanto lo que él creía que era la experiencia inglesa como sus propias proposiciones personales, cuando era más clara la necesidad de luchar contra los excesos de la monarquía absoluta en Francia, sirviendo sus ideas de bandera a los revolucionarios franceses y que la influencia de la revolución francesa se encargó de difundir sus ideas y de convertirlas en un principio fundamental del constitucionalismo y del Estado democrático de derecho.[17]

Montesquieu señaló tres clases de poderes: el poder legislativo, el poder ejecutivo de las cosas relativas al derecho de gentes y el poder ejecutivo de las cosas que dependen del derecho civil, el primero para hacer leyes, el segundo para hacer la paz o la guerra, enviar o recibir embajadas, establecer la seguridad pública y precaver invasiones y la tercera para castigar los delitos y juzgar las diferencias entre los estados, es decir este poder judicial y el otro poder ejecutivo del Estado.[18]

Es de mencionarse que diversos autores señalan que el principio de la división de poderes de Montesquieu no era absoluta ya que no pretendía que dicha separación sea única, exclusiva, válida y definitiva, ya que por el contrario pretendía limitar el poder por el poder mismo.

Por su parte Nava Vázquez señala que los autores clásicos hicieron de la división de poderes la versión laica del dogma trini-

---

17 Cfr. OVALLE Favela José. Teoría General del proceso. Sexta edición. Décima reimpresión, marzo 2011. Oxford university press. pp. 110-113.

18 Cfr. OVALLE Favela José. Ibidem p. 113.

tario, en el cual para el credo católico Dios es uno en tres personas a la vez y ahora el Poder del Estado es uno en tres poderes.[19]

El Ministro Cossío Díaz afirma que, desde la óptica soviética, fascista, nazi o franquista, además de otros gobiernos americanos, la división de poderes es un obstáculo para que los "hombres fuertes" de cada régimen político estuvieran en aptitud de concentrar el poder político (¿dominio del poder legislativo para aprobar sus planes y sumisión del judicial para que emita sentencias a modo?) y así iniciar la realización de los cambios que las llamadas "masas" o "bases" o el pueblo en general demandan según ellos.[20]

Desde luego también los casos de colonias liberadas como lo es el de las trece colonias que se independizaron de Inglaterra y su famosa celebración del 4 de julio, día de su independencia, creando los Estados Unidos de América, cuya Constitución es incluso anterior a la de Francia, ya que esta data del año 1787.

Jorge Moreno al hablar de la transición hacia las constituciones señala que el Estado atraviesa por varias etapas y las designa como Estado: a) Patrimonial; b) Policía; y c) de Derecho, expresando que el primero es el típico de la época feudal sin distinción entre derecho público y derecho privado, siendo el pueblo y territorio patrimonio del rey que era el gobierno. El segundo señala es la forma típica de las monarquías absolutas europeas del Renacimiento a la Revolución Francesa y el Estado de Derecho es el Estado moderno, con un gobierno constitucional, principio de división de poderes, cambio del gobierno de hombres por el gobierno de leyes y la posibilidad de declarar la invalidez de actos del ejecutivo y de leyes que choquen con la Constitución, es

---

19 Cfr. NAVA Vázquez César. La división de poderes y de funciones en el derecho mexicano contemporáneo. México. 2008. Editorial Porrúa. p. 1.

20 Cfr. COSSÍO Díaz José Ramón. En la Presentación de la obra: La división de poderes y funciones en el derecho mexicano contemporáneo. Nava Vázquez César. México. 2008. Editorial Porrúa. P. XIV.

una evolución que elimina sistemáticamente las restricciones a la democracia ya que ahora no solo los propietarios pueden votar, no se exigen grados académicos y no hay restricción por razón de género entre otras.[21]

Para Tena Ramírez la supremacía constitucional presupone dos requisitos: a) El poder constituyente debe ser distinto de los poderes constituidos; y b) La Constitución debe ser rígida y escrita. Señala que toda vez que los órganos de poder reciben su poder e investidura de la Constitución, eso quiere decir que el autor de la Constitución está por encima de la voluntad de los órganos y debe ser distinto de ellos.[22] La función del Constituyente es precisamente la de crear la Constitución (por escrito) y hecho ello termina sus funciones (y su vida jurídica) y nacen los órganos creados en la Constitución, son estos órganos a los que les corresponde ya no crear la norma constitucional, les toca gobernar. Este gobernar y no modificar la Constitución significa para Tena que la misma es rígida lo que desde luego se complementa con el hecho de estar escrita.

Para Moreno Collado la supremacía constitucional deriva de ciertos factores y principios entre los que destacan: a) Ser la norma que determina la creación de otras normas; b) No solo organiza al poder, lo limita; c) Contiene métodos de defensa de dicha supremacía; d) Organiza las competencias y se opone a la delegación de su ejercicio por otro poder. Su supremacía jurídica deriva de ser el primer fundamento del orden jurídico y del Estado, por lo que una ley o reglamento solo será válida y vinculante si se apega a la constitución, en fin para el autor es la *norma normarum* o norma de las normas.[23]

---

21 Cfr. MORENO Collado Jorge. Teoría constitucional y procesos políticos fundamentales. México 2014. Editorial Porrúa. pp. 160 y 161.

22 Cfr. TENA Ramírez Felipe. Derecho constitucional mexicano. pp. 12 y 13.

23 Cfr. MORENO Collado Jorge. Teoría constitucional y procesos políticos fundamentales. México, 2014. Editorial Porrúa. pp. 50-57.

Por su parte Jorge Carpizo se centra en el derecho constitucional mexicano y señala la existencia de la supremacía constitucional prevista en el artículo 133 de la Constitución de 1917, agregando que dicho principio se ha establecido en todas las constituciones mexicanas, aunque en algunos casos no haya sido en forma clara, que el artículo 126 de la Constitución de 1857 fue tomada literalmente de la Constitución Norteamericana y que permanece en la de 1917, que si bien ha tenido reformas estas son solo de redacción, no de contenido.[24]

En México como en Estados Unidos la supremacía constitucional es indiscutible y está consagrada en las respectivas constituciones y de hecho tienen redacción similar, aunque la de Estados Unidos es más antigua y con la enorme diferencia de que la nuestra se modifica en forma constante, mientras que la de Estados Unidos lleva más de un siglo sin reformas o enmiendas como ellos le llaman y que por cierto son solamente 27 en total hasta concluir el año 2021.

Elisur Artega dice que toda constitución por el hecho de serla goza del atributo de supremacía. Establece que su jerarquía es superior respecto de todo el orden normativo que existe en el país, por lo que tiene el atributo de ser fundamental conforme a su artículo 40.[25]

Sobre el sistema de las formas de justicia constitucional, Guillaume Tusseau señala que el intento de encuadrar estos sistemas en dos modelos: a) *americano, descentralizado* o *difuso,* y b) *europeo, concentrado* o *centralizado,* ha fracasado ante la hibridación de las formas de justicia constitucional, señala que si bien es cierto por ejemplo en Estados Unidos se aplica el principio de *stare decisis* (sistema de precedentes), no es menos cierto que existe

---

24 Cfr. CARPIZO Jorge, Madrazo Jorge. Derecho Constitucional. Primera edición. México, 1991. UNAM. Instituto de Investigaciones Jurídicas. p. 14.

25 Cfr. ARTEAGA Nava Elisur. Op. Cit. pp. 3, 15 y 16.

centralización de control en el Tribunal Supremo.[26] Por otra parte expresa dicho autor, el sistema de revisión previo presenta el problema de que casos que no sean visiblemente inconstitucionales no sean resueltos en forma previa a la aplicación de la norma.[27] Como podremos apreciar más adelante, en México se aplica el sistema de precedentes (criterios y jurisprudencias de los Tribunales de Circuito, Plenos de Circuito, Salas y Pleno de la Corte), pero igualmente subsiste el control centralizado de la Suprema Corte de Justicia de la Nación al resolver por ejemplo las contradicciones de tesis y más aún al resolver las Acciones de Inconstitucionalidad y las Controversias Constitucionales como se verá más adelante.

Tena Ramírez señala que si la constitución se pudiera violar impunemente no pasaría de contener simples principios teóricos o mandamientos éticos, que aún en el caso de que la violación a la constitución sea excepcional, esta debe ser prevenida o reparada y por lo tanto debe existir un órgano encargado de velar por su control, expresando que en el caso de la Constitución de Weimar su protector nato era el presidente del Reich; que en el caso de la Constitución Centralista de México de 1836 lo era el Supremo Poder Conservador y que en otros casos, como actualmente en México está encomendada esta labor al órgano jurisdiccional (Suprema Corte de Justicia de la Nación). En la misma forma señala la posibilidad de resoluciones aplicables a un caso concreto o con efectos *erga omnes, es decir aplicables a todos.*[28]

Bajo la corriente iusnaturalista Michael Badnarik opina que la constitución es hecha no para otorgar derechos, solamente

---

[26] Cfr. TUSSEAU Guillaume. Más allá de los "modelos" de justicia constitucional, hacia una comparación pragmatista. En: *Justicia constitucional comparada.* Bagni Silvia, Coordinadora. México. 2014. Editorial Porrúa. pp. 22-24.

[27] Cfr. TUSSEAU Guillaume. Para acabar con los "modelos" de jurisdicción constitucional, un ensayo de crítica. México. 2011. Editorial Porrúa. p. 23.

[28] Cfr. TENA Ramírez Felipe. Derecho constitucional mexicano. pp. 491-493.

para enunciarlos y afirma "*the constitution is wonderful, but it doesn´t give you anything*".[29] Es decir "la constitución es maravillosa, pero no te da nada".[30]

La constitución es la ley que establece al Estado, que se expide sin tener que acatar ningún ordenamiento jurídico previo; es, por el contrario, el basamento sobre el cual se edifica el edificio jurídico del Estado.[31] A partir de la constitución ya no es el pueblo el depositario de la soberanía y del poder al transmitirle su ejercicio a los poderes creados para ello.

En efecto, después de leer a los diversos autores previamente citados, queda claro que el texto constitucional no es una materia o contenido obligatorio, es aquel que cada pueblo desee darse y que en base a ello determina su contenido y fija las reglas de convivencia entre los ciudadanos y delega su poder en los diversos órganos a los que les distribuye el poder en ese juego de pesos y contrapesos procurando que ningún poder u órgano de poder sea lo suficientemente fuerte para imponerse a los demás, aunque desafortunadamente eso es muy difícil, ya que cuando un partido político obtiene resultados arrasadores en las elecciones el partido en el poder tendrá al Ejecutivo y al Legislativo y hará de ser necesario las reformas legales o constitucionales para

---

29 Visible en: https://www.youtube.com/watch?v=912IS3dpC3Y consulta 08 de septiembre de 2019 a las 00:51:30 horas.

30 Traducción propia.

31 VENEGAS Trejo Francisco. Constitución y tratados internacionales; complementariedad ineludible. En NAVA Escudero César y Nava Escudero Óscar. Administración pública contemporánea. México. 2010. Editorial Porrúa. p. 668.

procurarse tener el Judicial o al menos una gran influencia sobre este para que les resuelva "a modo".

1.2.1 Estados Unidos de América.

En la defensa de la creación de un solo Estado entre las trece colonias y no a la división de este, resulta interesante que se plantea la diferencia entre una democracia y una república, en el entendido de que la primera es una reunión del pueblo para ejercer el gobierno y la segunda, que es la propuesta el pueblo se reúne en asamblea, pero se gobierna por medio de los representantes que designan.[32]

La Constitución de los Estados Unidos de América de 1787 es considerada como el paso principal al constitucionalismo moderno, cuya base es la separación de poderes, establece un procedimiento para la creación de las leyes ordinarias y otro específico para las reformas a la constitución estableciendo así el sistema rígido de modificación a la constitución. Las Constituciones de Francia de 1791 y la de Estados Unidos tenían en buena parte como fin limitar el poder.[33] Los efectos de la declaración de inconstitucionalidad son retroactivos (*ex-tunc,* es decir desde siempre o desde su nacimiento).

Al consumarse la independencia de las trece colonias de América del Norte, estas se organizan en una confederación dando facultades y atribuciones a un gobierno central pero solo en ciertas materias. Al debilitarse esta unión, especialmente por cuestiones económicas fue necesario eliminar la soberanía estatal. Al hablar de la cláusula de la supremacía Marcos del Rosario

---

32 Cfr. Hamilton Alexander, Madison James y Jay John. El federalista. (The federalist papers #14). Réplica a una objeción derivada de la excesiva extensión del país. The New York Packet, 30 de noviembre de 1787.

33 Cfr. RODRÍGUEZ Marcos del Rosario. La cláusula de la supremacía constitucional. p. 4.

Rodríguez hace referencia al artículo VI de su Constitución que establece a dicha constitución, las leyes que se expidan con arreglo a la misma y a los tratados que se celebren como la Ley Suprema del país, señalando que con la décima enmienda (lo que está atribuido al orden federal y lo que no les esté prohibido) se desvaneció cualquier posibilidad de los Estados de ejercer algún tipo de facultad soberana, reafirmando en consecuencia esta supremacía constitucional.[34]

No debemos olvidar que por ejemplo en Inglaterra el sistema de modificación a la Constitución es flexible y no cuenta con un órgano especializado para su modificación.

Kelsen citado por Fernández Segado afirmaba en relación a la diferencia entre el sistema de control constitucional de Estados Unidos y de Austria "*...it is in principle only the violation of a party-interest which puts in motion the procedure of judicial review...*"[35] (..es en principio solo la violación (del derecho) de la parte interesada lo que pone en movimiento el procedimiento de revisión judicial..."[36]. Así también señala Fernández que en el modelo norteamericano el juez no anula la ley, declara una nulidad preexistente, por lo que se limita a inaplicar la ley con una sentencia declarativa cuyos efectos son retroactivos (*ex tunc*).[37] La posibilidad de modificar su jurisprudencia u *overruling* solo es aceptable cuando exista una especial justificación.[38]

---

34 CFR. RODRÍGUEZ Marcos del Rosario. De la supremacía constitucional a la supremacía de convencionalidad: la nueva conformación del bloque de constitucionalidad en México. pp. 347-349.

35 Cfr. FERNÁNDEZ Segado Francisco. La búsqueda de una nueva tipología explicativa de los sistemas de justicia constitucional. En la obra: Bagni Silvia, Coordinadora. Justicia constitucional comparada. Mexico 2014. Editorial Porrúa. P. 95.

36 Traducción propia.

37 Cfr. FERNÁNDEZ Segado Francisco. Ibidem. p. 101.

38 Cfr. FERNÁNDEZ Segado Francisco. Ibidem. p. 105.

Por su parte Tena Ramírez señala la nulidad de los actos no autorizados por la Constitución, incluyendo los del legislativo y que conforme al pensamiento de Marshall y Hamilton existe supremacía constitucional, siendo que el sistema americano otorgó a la Corte Suprema de Justicia la competencia para declarar la nulidad de un acto contrario a la misma, ya que la soberanía popular se expresa y personifica en la Constitución.[39] El citado autor también nos señala una aportación muy importante del sistema estadounidense, esto es el federalismo, expresando que cronológicamente precedió a las demás constituciones e ideológicamente también ganó y conserva la primacía por la pureza de las líneas y por el vigor de su vida (es necesario hacer notar que dicha constitución tiene pocas reformas o enmiendas en comparación con las de otros países y en el caso mexicano como se verá más adelante han existido diversas constituciones posteriores y la vigente con apenas un poco más de cien años de antigüedad ya tiene cientos de reformas), el federalismo de las demás constituciones se medirá entonces por su aproximación al modelo norteamericano. Haciendo historia sobre el origen de dicha constitución y del propio país, el autor nos recuerda que desde sus orígenes las trece colonias inglesas que se establecieron en el territorio de lo que hoy es Estados Unidos gozaban de suficiente libertad para actuar por separado unas de otras, eran independientes entre sí, pero subordinadas a la corona inglesa, a partir de 1619 participaban en su propio gobierno con las Cartas de Concesión que les otorgó la Compañía de Londres estipulando que la legislación se dictaría con el consentimiento de los hombres libres. Con el Plan de Unión de Albany mucho antes de la guerra de independencia (1775-1783), en 1754 se reunieron representantes de siete colonias y allí se presentó y aprobó el llamado Plan de Unión de Albany, elaborado por Benjamín Franklin y que es el primer y original programa de gobierno federal y punto de partida de todas las elaboraciones posteriores.

---

39 Cfr. TENA Ramírez Felipe. Derecho constitucional mexicano. pp. 15 y 16.

Sin embargo, dicho plan no fue aceptado por las asambleas de dichas colonias, porque cedía la facultad de fijar impuestos y tarifas al gobierno central. Vinieron varios proyectos que reavivaron el argumento de los impuestos sin representación. En 1765 se reunió en Nueva York el primer congreso intercolonial de ideas revolucionarias que censuró la Ley del Timbre. Cuando Inglaterra intentó castigar a Massachusetts, las demás colonias le apoyaron y a instancias de Virginia se reunieron en Philadelphia el 5 de septiembre de 1774 los delegados de doce colonias para formar el Congreso Continental, en el cual nada se aprobó respecto del federalismo. El segundo Congreso Continental se reunió en la misma ciudad el 10 de mayo de 1775 y se realizó la Declaración de Independencia de 4 de julio de 1776.

Se elaboraron proyectos en los cuales se buscaba conservar la división absoluta de las trece colonias, al celebrarse la paz con Inglaterra en 1783 se hizo patente la debilidad de la confederación, incluso hubo quien en 1786 pretendió que el príncipe Enrique de Prusia tenga el trono de Norteamérica. Finalmente en mayo de 1787 se reunió una convención en Philadelphia, misma que estuvo presidida por George Washington y a la que solo faltó Rhode Island, en la cual estuvo el "Plan de Virginia" que beneficiaba a los Estados grandes y "Plan de New Jersey" que beneficiaba a los pequeños, dicho plan contenía la supremacía del derecho federal expedido de acuerdo a la constitución; el problema básico era la representación y finalmente se creó un sistema mixto que satisfizo a ambas partes al crearse el sistema bicamaral y se creó la primera constitución.[40]

Por otra parte, podemos encontrar en la edición de USA Publishing Office[41] de su constitución los siguientes textos que re-

---

40 Cfr. TENA Ramírez Felipe. Derecho constitucional mexicano. México, 2005. pp. 101 a 108.

41 TOTTEN Megan (Legal Editor). The Constitution of the United States of America, analysis and interpretation, Centennial edition. Washington USA. 2016. USA Publishing Office. pp. XVII a XX.

sulta importante señalar respecto de la historia de la primera Constitución: "*...met in Philadelphia in September of that year the first Continental Congress, composed of delegates from 12 colonies, On October 14, 1774...*", (reunidos en Filadelfia en septiembre de ese año el primer Congreso Continental, compuesto de delegados de 12 colonia, el 14 de octubre de 1774); "*This congress adjourned in October with a recommendation that another Congress be held in Philadelphia the following May. Before its successor met, the battle of Lexington*[42] *had been fought...*" (Este congreso reunido en octubre con la recomendación de llevar a cabo otro congreso en Filadelfia el siguiente mes de mayo. Antes de que los sucesores se reúnan la Batalla de Lexington ya se había peleado), "*...the second Continental Congress assumed control of the Twelve United Colonies, soon to become the Thirteen United Colonies, by the cooperation of Georgia...*" (el Segundo Congreso continental asumió el control de las Doce Colonias Unidas, pronto se convirtieron en Trece Colonias Unidas por la cooperación de Georgia), "*...Independence was declared on July 4, 1776; the preparation of a plan of confederation was postponed. It was not until November 17, 1777, that the Congress was able to agree on a form of government which stood some chance of being approved by the separate States. The articles of Confederation were then submitted to several States, an on July 9, 1778, were finally approved by a sufficient number to become operative...*" (la independencia fue declarada el cuatro de julio de 1776, la preparación de un plan de confederación fue postpuesta. No fue hasta el 17 de noviembre de 1777 que el Congreso pudo llegar a un arreglo sobre la forma de gobierno que tuvo la oportunidad de mantenerse de pie y ser aprobada por los Estados por separado. Los artículos de la Confederación fueron entonces remitidos a los Estados y el 9 de julio de 1778, fueron finalmente aprobados por un número suficiente para ser operativo) y nos menciona el cambio a federación en los siguientes términos: "*...After some hesitancy Congress approved the suggestion for a convention at Philadelphia for the sole*

---

[42] La citada batalla de Lexington y Concord se libró el día 19 de abril de 1975

and express purpose of revising the Articles of Confederation and reporting to Congress and several legislatures such alterations and provisions therein as shall when agreed to in Congress and confirmed by the States render the Federal Constitution adequate to the exigences of Government and the preservation of the Union" (Después de alguna resistencia el Congreso aprobó la sugerencia de una Convención en Filadelfia para el solo y expreso propósito. De revisar los artículos de la Confederación y reportar al Congreso y diversas legislaturas las modificaciones y medidas al ser acordadas por el Congreso y confirmadas por los Estados haciendo la Constitución adecuada a las exigencias de gobierno y preservación de la unión).[43]

Continúa señalando que fue Delaware el primer Estado en ratificar la nueva Constitución (todavía proyecto), esto el 7 de diciembre de 1787, New Hampshire se convirtió en el noveno Estado en ratificar la Constitución y con ello a partir del 21 de junio de 1788 (fecha de ratificación) ya entraba en vigor por ser este el requisito de número que establecía, aunque consideraban que el gobierno no tendría éxito sin la adición de Virginia y New York, quienes ratificaron en 25 de junio y 26 de julio de 1788 respectivamente, y fue así que el 30 de abril de 1789 George Washington se inauguró como el primer presidente de los Estado Unidos.[44]

Lo anterior, aunque Badnarik apunta que no fue el primer Presidente de los Estados Unidos ya que éste fue Samuel Huntington con el proyecto confederado. Washington fue el primer Presidente de Estados Unidos bajo la Constitución.[45]

Con relación a la división de poderes, la encontramos en sus artículos I, Sección 1, II, Sección 1 y III, Sección 1, que refieren el poder legislativo, al poder ejecutivo y al poder judicial respectivamente y que señalan:

---

43 Traducción propia.

44 Cfr TOTTEN Megan. Op. Cit. pp. XXII y XXIII.

45 Visible en: https://www.youtube.com/watch?v=912IS3dpC3Y consulta 08 de septiembre de 2019 a las 00:51:30 horas.

"Article I. Section 1. All legislative Powers herein granted shall be vested in a Congress of the United Sates, which shall consist of a Senate and House of Representatives...". (Todos los Poderes Legislativos aquí otorgados deberá ser integrado en el Congreso de los Estados Unidos, el cual consiste en el Senado y la Cámara de Representantes).

"Article II. Section 1. The executive Power shall be vested in a President of the United States of America. He shall hold his Office during the Term of four Years, and, together with the Vice President, chosen for the same Term...". (El Poder Ejecutivo estará integrado por un Presidente de los Estados Unidos de América. El mantendrá el encargo por el término de cuatro años, y, junto con el vicepresidente, electos para el mismo término).

"Article III, Section 1. The judicial Power of the United States, shall be vested in one supreme Court, and in such inferior Courts as the Congress may from time to time ordain and stablish...."[46] (El Poder Judicial de los Estados Unidos, estará integrado por una Suprema Corte, y en Cortes inferiores como el Congreso ordene de tiempo en tiempo ordenar y establecer).[47]

Por cuanto hace a la supremacía constitucional, esta se encuentra en su artículo VI, segundo párrafo, y la facultad reglamentaria del presidente en el artículo II (que se refiere al ejecutivo), sección 3 (en su parte conducente), que establecen:

"Article VI (segundo párrafo) *This Constitution, and the Laws of the United States which shall be made in Pursuance thereof; and all Treaties made, or which shall be made, under the Authority of the United States, shall be the supreme Law of the Land; and the Judges in every State shall be bound thereby, and Thing in the Constitution or Laws of any state to the Contrary notwithstanding...".* (Esta constitución y las leyes de los Estados Unidos que sean hechas en cumplimiento de la misma, y todos los Tratados hechos, o que sean hechos, bajo la autoridad de los Estados Unidos, serán la ley suprema de esta tierra, y los jueces de cada

46 TOTTEN Megan. Op. Cit. pp. 3, 11 y 15.

47 Traducción propia.

> Estado estará obligados por lo tanto a lo que en la Constitución a pesar de lo que en contrario señalen las leyes de cada Estado).
>
> *"Article II, Section 3. "...he shall take Care that the Laws be faithfully executed..."*[48] (Él deberá cuidar que las leyes sean debidamente ejecutadas).[49]

En lo relativo al control de la constitucionalidad, este no viene en forma expresa en la constitución en comento, sin embargo, la Corte realiza un análisis y determina que si existe dicho control y le corresponde a la Corte en los términos que se expresan en el rubro correspondiente.[50]

1.2.2 Francia.

Luis XIV reinó Francia de 1643 a 1715, es decir 72 años, le quitó poder a los señores feudales y lo acumuló en la figura del rey, al grado de que como ya hemos mencionado, afirmaba "*el Estado soy yo*", Luis XV por su parte fue rey de Francia de 1715 a 1774 y durante sus 59 años de reinado la miseria se extendió entre los galos, continuando con la monarquía absoluta de su abuelo; posteriormente Luis XVI gobernó de 1774 hasta 1791, recibiendo un reino con un pueblo cansado de los abusos y de la miseria, lo que sirvió con otros factores como elemento para la Revolución Francesa. Al aceptar modificaciones como eliminar la tortura mostró debilidad, pero la fractura se dio cuando al reunir las Cortes modificó el sistema de valores, entonces el Estado llano (pueblo) se declaró en Asamblea Constituyente el 17 de junio de 1789 siguiendo las teorías de Juan Jacobo Rousseau en su libro "El contrato social" y reasumiendo su soberanía ante el rey. El 14 de julio de 1789 el pueblo toma La Bastilla, hecho

---

48 TOTTEN Megan. Op. Cit. pp. 15 y 18.

49 Traducción propia.

50 Vid Supra. 1.3.2 Caso Marbury Vs Madison.

histórico que a la postre se tomó como fecha de inicio de la Revolución Francesa.[51]

En agosto de 1789 se aprobó la "Declaración de los Derechos del Hombre y el Ciudadano" que como es bien sabido estipula derechos importantes, el rey Luis XVI no aceptó sancionar dicha declaración, sin embargo, su texto se incluyó en la Constitución de 3 de septiembre de 1791 que juró el 14 del mismo mes y año. Dicha Declaración y la Constitución contienen un espíritu iusnaturalista que se advierte en cuanto a la manifestación genérica de que todos los hombres nacen libres e iguales. No obstante el juramento a la Constitución hecho el 14 de septiembre de 1791, el 25 de septiembre del año siguiente la familia real fue destituida y se proclamó la República, el rey fue juzgado por el delito de traición y fue decapitado en enero 21 de 1793.[52]

Resulta importante resaltar y volver a transcribir el texto del artículo 16 de la Declaración de los Derechos del Hombre y el Ciudadano: *"En toda sociedad en la cual la garantía de los derechos no esté asegurada, ni determinada la separación de poderes, carece de Constitución"*. Es decir que la separación de poderes que es parte de lo que nos ocupa, resulta a criterio de la doctrina francesa requisito *sine qua non* para la existencia de una Constitución.

El ejemplo francés cundió pronto por el mundo, los Estados Unidos que no habían establecido un catálogo de derechos humanos o garantías que les protegiesen en el cuerpo de su Constitución original corrigieron su posición inicial en el año 1791, el 15 de diciembre; cuando agregaron al texto original las primeras 10 enmiendas constitucionales.[53]

---

51 Cfr. MATEOS Santillán Juan José. Vertientes ideológicas del derecho constitucional. pp. 68 a 72.

52 Cfr. MATEOS Santillán Juan José. Vertientes ideológicas del derecho constitucional. pp. 73 a 75.

53 Cfr. MATEOS Santillán Juan José. Vertientes ideológicas del derecho constitucional. p. 79.

La Constitución del 3-14 de septiembre de 1791 establece en su Preámbulo:

> *"La Asamblea nacional, al querer establecer la Constitución francesa sobre los principios que acaba de reconocer y declarar, suprime irrevocablemente las instituciones que herían la libertad y la igualdad de los derechos. Ya no hay nobleza, ni procerato* (pares), *ni distinciones hereditarias, ni distinciones de estamentos, ni régimen feudal, ni justicias patrimoniales, ni ninguno de los títulos, denominaciones ni prerrogativas que derivaban de ello, ni ninguna orden de caballería, ni ninguna de las corporaciones o gremios para los que se exigían pruebas de nobleza, o que suponían distinciones de nacimientos, ni ninguna otra superioridad, tan sólo la de los funcionarios públicos en el ejercicio de sus funciones. Ya no existen venalidades ni herencia de un oficio público. Ya no existe, en ninguna parte de la nación, ni para ningún individuo, ningún privilegio excepción al derecho común de los franceses. Ya no existen cofradías ni gremios de profesiones, artes y oficios. La ley ya no reconoce ni votos religiosos, ni compromiso alguno que fuese contrario a los derechos naturales o a la Constitución".* [54]

El Título III establece en sus artículos 3, 4 y 5 la división de poderes, el legislativo delegado en los representantes elegidos por el pueblo y sancionadas sus leyes por el rey, el ejecutivo delegado en el rey y el judicial delegado en los jueces elegidos por el pueblo.[55]

El Título III, Capítulo II, Sección I, artículo 3 establece que no hay autoridad superior a la ley, que el rey reina en nombre de la ley y solo puede exigir obediencia en base a ella, es decir establece la Supremacía Constitucional, sin embargo, resulta criticable su artículo previo que establece no solamente la inviolabilidad de la persona del rey, también que su persona es sagrada, sin embargo debemos recordar que se trata de otra época, siempre es importante al mirar atrás en el tiempo tomar en cuenta

---

54 Universidad de Barcelona. Visible en www.ub.edu/ciudadania/hipertexto/evolucion/textos/cf1791.htm Consulta 20 de enero de 2020 a las 21:55 horas.

55 Cfr. Constitución de 3-14 de septiembre de 1791. p. 8.

las circunstancias existentes en dicha época, no podemos, por ejemplo, pretender reclamar violación de derechos humanos a los vikingos por sus conquistas, eso sería del todo ilógico. Ahora bien, el ejecutivo (rey) no estaba facultado para crear ley alguna por ninguna causa, pero el veto que podía imponer a las leyes del legislativo y que estas tengan que esperar dos legislativas consecutivas que presenten el mismo proyecto para que este pueda pasar, permitía influencia del rey en la creación de las leyes.[56]

Francia, sin adoptarlo y señalarlo en forma categórica, desde su declaración de los Derechos del Hombre y del ciudadano de agosto de 1789 consideró en primer lugar la necesidad de la rigidez constitucional y en segundo que esta era la base indirecta de la supremacía de la Constitución, ya que era el Poder Constituyente del pueblo el único titular de la soberanía y facultad de aprobar y expedir la Constitución, en consecuencia, dicha norma es superior a cualquiera que expida el Congreso, es decir a las leyes ordinarias.[57]

Al analizar artículo 16 de la Declaración de los Derechos del Hombre y el Ciudadano Mateos Santillán expresa que el artículo 16 establecía dos principios: a) que los derechos debían estar asegurados mediante garantía (no debemos olvidar las garantías individuales en México) y b) la existencia de la división de poderes y que sin la existencia de ambos la sociedad carecía de Constitución. Así también señala que es reincidente la tendencia a invocar los derechos humanos como derechos naturales, es decir que predominaba el pensamiento iusnaturalista racional de Francia, pero que no se debe olvidar que el pensamiento Inglés se había desarrollado por senderos diferentes, sin embargo, muchas de estas garantías se encontraban reconocidas en su sistema

---

[56] La Constitución de 3-14 de septiembre de 1791. p. 14.

[57] Cfr. RODRÍGUEZ Marcos del Rosario. La cláusula de la supremacía constitucional. México, 2011. Editorial Porrúa. p 149.

jurídico y que el pensamiento norteamericano ya contaba con declaraciones similares a la francesa.[58]

1.2.3 España.

Desde luego la Constitución de Cádiz de 1812 merece un trato especial, no solamente por haber tenido vigencia en el territorio mexicano y ser la primera constitución vigente en el mismo, también por la influencia innegable de las ideas revolucionarias españolas, la fusión de pueblos, economía, y la influencia que tuvo (en forma indirecta) en la independencia de nuestro país. El maestro Héctor Fix-Zamudio nos señala que la Constitución española expedida en la ciudad de Cádiz fue conocida como "La Pepa", por ser del día 19 de marzo de 1812, día de San José, la misma es calificada como liberal y sustituye de manera radical a los regímenes de la monarquía absoluta que había dominado a España desde la edad media. Dicha carta transformó las colonias en provincias, lo que sin tener esa intención favoreció los movimientos de independencia. Si bien la lectura de los autores liberales estaba prohibida por el Tribunal de la Santa Inquisición, estas se introdujeron y divulgaron clandestinamente en las colonias españolas de América, al grado de enseñarse en colegios eclesiásticos en los cuales estudiaban miembros del clero como el Colegio de San Nicolás, en la entonces ciudad de Valladolid, en el actual estado de Michoacán, cuando Miguel Hidalgo y costilla era su rector, habiendo estudiado en la misma José María Morelos y Pavón e Ignacio López Rayón. En 1808 el emperador Napoleón convocó a Carlos IV y Fernando VII su padre que previamente había abdicado en su favor, para que se reunieran con él e iniciar una guerra contra Inglaterra, y una vez reunidos los obligó a abdicar en favor de su hermano José. La citada Consti-

---

58 Cfr. MATEOS Santillán Juan José. Derechos del hombre. En la obra: Teoría de la Constitución. BARRAGÁN B. José. Cuarta Edición. México. 2010. Editorial Porrúa. pp. 233 y 234.

tución de Cádiz fue jurada en España el 19 de marzo de 1812 y el 30 de septiembre de ese mismo año en la ciudad de México por el virrey Francisco Javier de Venegas. Con dicha ley fundamental se hicieron elecciones de diputados, además las cortes constituyentes introdujeron la libertad de imprenta y se suprimió el Tribunal de Inquisición; cuando Bonaparte fue derrotado en 1814 al fracasar su invasión a Rusia Fernando VII recuperó su libertad y desconoció la Constitución, en 1820 la sublevación del general Rafael del Riego lo obligó a jurar nuevamente la Constitución y a suprimir de forma definitiva el Tribunal de inquisición que había repuesto y a restablecer la libertad de imprenta.[59]

En sus artículos 14 a 17 establecía la forma de gobierno y división de poderes en los siguientes términos:

> *Artículo 14. El Gobierno de la Nación española es una Monarquía, moderada, hereditaria.*
>
> *Artículo 15. La potestad de hacer las leyes reside en las Cortes con el Rey.*
>
> *Artículo 16. La potestad de hacer ejecutar las leyes reside en el Rey.*
>
> *Artículo 17. La potestad de aplicar las leyes en las causas civiles y criminales reside en los Tribunales establecidos por la ley.*[60]

Como dato cultural señala el maestro que una resolución de las Cortes Constituyentes fue en el sentido de que las plazas mayores de las ciudades importantes tanto en la metrópoli (España) como

---

59 Cfr. FIX-ZAMUDIO, Héctor. Influencia del constitucionalismo gaditano en la Nueva España. En la obra: En Memoria del seminario internacional, conmemoración del bicentenario de la constitución de Cádiz. Barceló Rojas Daniel y Serna de la Garza José María, Coordinadores. México, 2013. Instituto de Investigaciones Jurídicas. UNAM. pp. 3-8.

60 FERRER Mac-Gregor Eduardo. GUERRERO Galván Luis René (editores). Derechos del pueblo mexicano, México a través de sus constituciones. Secciones primera y segunda. México. 2016. MAPorrúa. P. 111.

en las colonias debían de llevar el nombre de *Plazas de la Constitución* (de Cádiz), razón por la cual desde 1813 la Plaza Mayor de la ciudad de México recibe el nombre de Plaza de la constitución.

Por su parte, Patricia Galeana nos habla del primer texto constitucional que estuvo en vigor en España y que fue la Carta otorgada en Bayona por Napoleón al deponer al rey de España, siendo esta producto del liberalismo ilustrado de Francia, misma que si bien planteaba la división de poderes y otorgaba algunas garantías individuales, no pasa el examen de la mayoría de los juristas por el enorme poder que daba al rey (a pesar de que la mayoría de los textos españoles la citan antes que la de Cádiz). Nos dice la autora antes mencionada que en septiembre de 1810 las Cortes Gaditanas (relativas a Cádiz) inician sus sesiones y en ese mismo mes estalló en la Nueva España y en otros dominios del imperio español la guerra de independencia.[61]

Haciendo nueva pausa sobre la influencia en la independencia de México, nos permitimos señalar que en esa época nadie imaginaba el caso estremecedor y extraordinario de los esclavos de *Saint-Domingue,* quienes tras quince años de guerra emergieron el primero de enero de 1804 como el único país del mundo completamente libre de esclavitud y también el primer estado nacional negro, encabezado por exesclavos.[62] Así pues, Haití fue el primer país independiente de la América Latina.

Continuando con Patricia Galeana nos señala que, si bien la constitución gaditana estableció en sus 384 artículos la soberanía nacional y la división de poderes, también es cierto que mantuvo medidas racistas al negar la libertad a los esclavos negros y clasis-

---

61 Cfr. GALEANA Patricia. El impacto de la constitución de Cádiz en México. En la obra: En Memoria del seminario internacional, conmemoración del bicentenario de la constitución de Cádiz. Barceló Rojas Daniel y Serna de la Garza José María, Coordinadores. México, 2013. Instituto de Investigaciones Jurídicas. UNAM. pp. 243-245.

62 Cfr. GRANADOS Luis Fernando. En el espejo haitiano, los indios del Bajío y el colapso del orden colonial en América Latina. México, 2016. Ediciones Era. p. 58.

tas al no otorgar derechos políticos a las trabajadoras domésticas (hoy del hogar); suprimió la Inquisición, pero no el estado confesional y limitó los privilegios del clero, pero no los suprimió. continúa señalando que la primera constitución de México se proclamó en plena guerra de independencia y que fue la Constitución para la Libertad de la América Mexicana (que más adelante comentamos por su nombre más común: Constitución de Apatzingán). Dicha constitución se inspiró en las constituciones francesas y por cuanto hace a la primera constitución federal de 1824, sus mismos autores señalan que tuvieron como modelo a la Constitución de los Estados Unidos ya que todos tuvieron acceso a una traducción de la misma y se puede observar su similitud en el nombre y su influencia en el sistema presidencialista, con vicepresidencia, período de cuatro años y federalismo al estilo estadounidense entre otras.

No obstante lo anterior, continua afirmando Galeana, si bien no hay influencia determinante que se atribuya a Cádiz en el constitucionalismo mexicano, su impacto en la historia mexicana fue importante, por influir en los acontecimientos que llevaron a la consumación de la independencia de México. La insurgencia era golpeada cuando en 1820, gracias al levantamiento del general Riego en España, Fernando VII se vio obligado a restablecer la vigencia de la Constitución de Cádiz, la cual para entonces ya había sido reformada y limitaba más los fueros y privilegios de la Iglesia, lo que hizo que ésta y las élites neo-hispanas se unieran para evitar que dicha constitución rigiera en la Nueva España invitando a Fernando VII a gobernar la Nueva España, pero sin la constitución. Para ello el Ministro de la Inquisición y la Alta Clerecía se reunieron en la Iglesia de San Felipe Neri, conocida como la Profesa y nombraron a Agustín de Iturbide para que se encargara de la empresa. Iturbide era un militar inactivo al habérsele acusado de malos manejos de recursos públicos (iniciamos así esta triste historia de corrupción con nuestro primer gobernante del México independiente), al seguir Vicente Guerrero con su guerrilla principalmente en el Estado que hoy lleva su nombre, Iturbide le propone unirse a él para consumar juntos la independencia, Guerrero acepta y firman el Plan de Iguala cuyo artículo cuarto señalaba a Fernando VII como monarca; así se consumó la independencia, con el apoyo de la Iglesia y una negociación surgida a partir de la oposición a la vigencia de la Constitución de Cádiz. Lo demás es historia conocida, al no venir Fernando VII se escogió a Agustín de Iturbide (El Dictador Resplandeciente) para reinar el imperio mexicano[63].

El citado Plan de Iguala iniciaba: "*...Americanos! bajo cuyo nombre comprendo no sólo á los nacidos en América. sino á los europeos, africanos y asiáticos que en ella residen: tened la bondad de oírme...* "y como ya se ha mencionado establecía la monarquía.[64] Paralelamente a ello observamos que en ese centenario documento se reconoce a los africanos y asiáticos como americanos sin necesidad de establecerlo en la Constitución como se ha hecho recientemente.

Por su parte Caudet señala que la intervención de Iturbide se dio porque los mexicanos estaban indignados por la expulsión de los jesuitas al restablecerse la Constitución de Cádiz y en contra del parlamentarismo liberal dueño de España y por eso se oponen a su puesta de nuevo en vigor, además que los temores y la cólera de los mexicanos se aumentaron por el hecho de que al menos cuatro quintas partes de los oficiales españoles de guarnición en México eran Franc-Masones. Por esa causa los conspiradores se reunieron en México, siendo el alto clero, personajes influyentes de la sociedad criolla, de la congregación de San Felipe Neri y el Inquisidor Tirado, considerando que debían hacer a México independiente con Fernando VII o alguno de sus

63 Cfr. GALEANA Patricia. Op. Cit. pp. 246-250.

64 Cfr. ITURBIDE Agustín. Plan de Ayala. 21 de febrero de 1821. Instituto Nacional de Estudios Históricos de las Revoluciones de México. Centenario de la Constitución Política de los Estados Unidos Mexicanos 1917-2017.

parientes, buscando a un oficial valeroso, que encontraron en la figura de Agustín de Iturbide y Aramburu.[65]

A pesar de lo anterior, Serra Rojas afirma que si hay influencia de la Constitución de Cádiz en el constitucionalismo mexicano, ya que la figura de los Secretarios de Estado tiene su antecedente en esta, al igual que la facultad reglamentaria ha figurado en todas las constituciones que han tenido vigor en México, empezando con la de 1812.[66]

Francisco Fernández Segado señala que en la actualidad en el caso de España los que asumen el control de constitucionalidad de las normas reglamentarias son los jueces y que esto lo hacen con motivo de llevar a cabo la revisión o control de legalidad [67] como sucede en el caso mexicano en el cual los jueces de Distrito y los Tribunales Colegiados al conocer del Amparo pueden revisar la legalidad de las resoluciones pero al mismo tiempo la constitucionalidad de las normas. Al igual que en México, la jurisprudencia no puede tener efectos retroactivos y se debe respetar el principio de cosa juzgada (*res judicata*) salvo la materia penal en la cual se puede aplicar el principio *in bonum.*[68]

1.2.4 Alemania.

Si bien muchos autores consideran que la constitución alemana no tuvo una influencia en las normas contenidas en las diversas constituciones de México, sí lo ha sido respecto de otros países, ya que tal y como hemos mencionado, los sistemas de

---

65 Cfr. CAUDET Yarza Francisco. Agustín de Iturbide. Colección Grandes Mexicanos Ilustres. España, Editorial Dastin S.L. pp. 29 y 30.

66 Cfr. SERRA Rojas Andrés. La función constitucional del presidente de la república. En la obra: Doctrina constitucional mexicana. Imer B. Flores, editor y compilador. México, 2016. Instituto de Investigaciones Jurídicas-UNAM. pp. 339 y 352.

67 Cfr. FERNÁNDEZ Segado Francisco. Op. Cit. p. 79.

68 Cfr. FERNÁNDEZ Segado Francisco. Op. Cit. p. 118.

control de constitucionalidad inicialmente tenían dos referentes, el del control difuso que se aplica en los Estados Unidos y el del control concentrado que se aplica en Alemania, sin embargo, habremos de tomar nota del comentario de Domingo García Belaunde, quien nos dice que el Tribunal Constitucional aparece por primera vez en la constitución de Checoslovaquia.[69]

Como señala Francisco Fernández Segado, la primera constitución federal del estado alemán, de 16 de abril de 1871 en su artículo 76.1, encomendaba la resolución de controversias sobre constitucionalidad al *bundesrat* que era un órgano político compuesto por representantes de los estados. La Constitución de Weimar en su artículo 19 encomendó la solución de los conflictos entre los Länder o entre el Reich y los Länder al Tribunal Supremo de Justicia del Reich, aunque en sí no fueron considerados como tribunales que defiendan la Constitución, Carl Schmitt defendía el control difuso frente al concentrado y en especial la sentencia de la Quinta Cámara Civil de 4 de noviembre de 1925 que señalaba que el juez estaba obligado a aplicar la ley, pero podía rechazar la validez de una norma del Reich. Finalmente se impone la Constitución austriaca de 1920, la reforma de 1929 y la concepción del jurista vienés Kelsen, quien entendía que la anulación de una ley no podía ser una mera desaplicación a un caso concreto y que debía ser: "*anuler une loi cést poser une norme générale*". El pensamiento kelseniano representa un acto de desconfianza a los jueces, encaminado a salvaguardar el principio de seguridad jurídica y restablecer la supremacía del parlamento que se puso en peligro con el control difuso a cargo de los jueces, que era en su opinión dejar en una casta judicial, burocrática, en amplia medida de extracción aristocrática y vocación autoritaria un instrumento relevante para la vida en un estado de derecho, ya que recordemos los cargos de juez se vendían y por ello debía ser un órgano

---

69 Cfr. GARCÍA Belaunde Domingo. El derecho procesal constitucional en perspectiva. México 2008. Editorial Porrúa. p. 116.

ex profeso el que se encargue de estudiar la constitucionalidad de las normas.[70] Los efectos de esta declaración son hacia el futuro (*ex-nunc*) y son *erga omnes.*

Si bien Kelsen rompe con el tabú de la supremacía del Parlamento, no atina a establecer y definir bien la jurisdicción del Tribunal constitucional y expresa que esta jurisdicción es de carácter legislativo y la considera un "legislador negativo", después de la Segunda Guerra Mundial retoman el modelo y lo mejoran.[71]

Por otra parte Tusseau al hablar de Kelsen y el "sistema europeo" de jurisdicción constitucional señala que es conveniente poner en duda la paternidad absoluta de Kelsen, ya que éste solamente pretendía reutilizar todo aquello que fuera susceptible de ser extraído del derecho constitucional anterior y que durante el debate del constituyente sus propuestas fueron cambiando, ya que incluso sugirió la creación de una facultad de auto-consulta de la propia Corte, por lo que opina la reflexión kelseniana se fue forjando paulatinamente y que es difícil sostener que las instituciones austriacas tuvieran una firme doctrina preexistente y que habrá que preguntarse a que estado concreto de desarrollo de la constitución austriaca nos referimos al hablar del modelo europeo, ¿al modelo de 1920, o el modelo de 1925 o el de 1929)?.[72]

1.3 Casos paradigmáticos.

Encontramos casos especiales, en los cuales sus tribunales deciden tomar el control de la constitución, de su supremacía, de su interpretación y evitar se viole la misma, aunque no siempre

---

70 Cfr. TUSSEAU Guillaume. Mas allá de los "modelos" de justicia constitucional, hacia una comparación pragmatista. pp. 64-75.

71 Cfr. GARCÍA Belaunde Domingo. El derecho procesal constitucional en perspectiva. México 2008. Editorial Porrúa. pp. 69 y 112.

72 Cfr. TUSSEAU Guillaume. Para acabar con los "modelos" de jurisdicción constitucional, un ensayo de crítica. pp. 26-28.

se trata de una Constitución escrita como se expondrá a continuación, ya que por ejemplo, en el caso más antiguo se refiere al sistema anglo-sajón que no cuenta con una Constitución escrita, sin embargo se realiza un análisis de constitucionalidad como se verá a continuación y los sistemas propiamente constitucionales como el de los Estados Unidos de América.

1.3.1 Caso Thomas Bonham.

Si bien es cierto el caso Marbury Vs. Madison es el más conocido y el que comúnmente vemos en los textos escolares, el caso de Thomas Bonham, un médico egresado de la Universidad de Cambridge es previo a este. Dicho galeno a pesar de contar con los documentos que garantizaban la existencia de su grado de estudios para poder ejercer profesionalmente requería una autorización por parte del Royal College of Physicians, esto en base a una Carta emitida por el rey Enrique VIII, la cual a la postre se convirtió en una Ley Parlamentaria.[73]

Si bien el rey en su momento estaba facultado para emitir la citada Carta, por no haber división de poderes, esta iba en contra del Common Law por atentar contra la tradición antigua contenedora de los principios y valores fundamentales.

Cuando el galeno ejerció su profesión sin contar con la autorización del citado Colegio, este decidió amonestarlo para que desista de su actitud. Amonestación que Bonham ignoró, ante lo anterior el colegio le impuso cómo sanción una pena privativa de su libertad.

Bonham impugnó la decisión del Colegio pidiendo su libertad y que fuere reconocido su derecho a ejercer la profesión por contar con título que le habilitaba para ello y obviamente sin necesidad de autorización del Colegio.

---

73 Cfr. RODRÍGUEZ Marcos del Rosario. La cláusula de la supremacía constitucional. p. 25.

El juez Edward Coke conoció del asunto y en resumen emitió una resolución trascendental por tratar del adecuado control material y formal del sistema constitucional y además de la protección de los principios fundamentales, base y sustento de la vida jurídica. Por lo tanto, consideró que las facultades que otorgaba la ley al Colegio vulneraban el Common Law (que es la norma superior en el derecho anglo-sajón) que es el parámetro de validez de todo acto y ley emitido por cualquier órgano de poder, por lo tanto, carece de validez cualquier norma que atente o no se adecue al orden supremo.

Es decir, que a pesar de no existir formalmente una Constitución, el common Law como norma suprema debe ser respetada y al igual que en el caso de las constituciones escritas, las normas consuetudinarias consideradas norma suprema deben ser respetadas y ninguna norma inferior puede oponerse a las mismas, salvo riesgo de invalidez como en el caso concreto, por lo que al oponerse el acto de autoridad a dichas normas consuetudinarias el resultado fue que se invalide y por lo tanto se considera un antecedente de ese respeto a la norma fundamental.

Juan Manuel López Ulla menciona que antes de la famosa sentencia de Marshall en 1803 en Inglaterra un juez dictó en 1610 una sentencia en la que proclamó que el parlamento no podía legislar en contra del *common law* y que por lo tanto los jueces tenían la obligación de inaplicar y declarar la nulidad de las leyes que contravinieran el derecho común, dicho juez como ya hemos citado fue Edward Coke en el caso Bonham.[74] Muchos años después las Trece Colonias usarían el razonamiento de Coke relativo a que el poder legislativo estaba limitado por la ley natural para establecer su principio "*...no taxation whithout representation...*" en

---

[74] Cfr. LÓPEZ Ulla Juan Manuel. Derecho comparado y justicia constitucional: El flujo de las ideas en la construcción de los modelos y en el razonamiento jurídico-constitucional. En la obra: Justicia constitucional comparada. Bagni Silvia. Coordinadora. México. 2014. Editorial Porrúa. p. 334.

su Congreso de Filadelfia de 1774 para rechazar el cumplimiento de obligaciones tributarias que les impuso la corona inglesa.[75]

1.3.2 Caso Marbury Vs. Madison.

López Ullua señala que la atribución del control de la constitucionalidad de las leyes a los jueces en Estados Unidos fue el resultado de la interpretación que la Corte del mismo realizó al artículo VI de su Constitución en la sentencia del famoso caso Marbury Vs. Madison y que fuera dictada por el Juez Marshall en 1803, así es que el presidente del Tribunal Supremo o Supreme Court of Justice, quien estableció que si el párrafo segundo de este precepto ordena a todos los jueces observar la Constitución por encima de cualquier otra norma del país y que ninguna norma que contravenga la Constitución podía ser aplicada, creando con ello el hoy denominado modelo difuso de control de constitucionalidad.[76]

Es importante señalar que tal y como sucede en nuestro país cuando se aplica el control difuso, la norma no es expulsada de la legislación, como sucede cuando un juez de Distrito declara inconstitucional una norma y en cualquier momento la Corte puede reconsiderar su postura (*overruling*).

Este se considera uno de los casos más analizados de la historia se trata de una situación política que tiene que ser resuelta en el ámbito jurídico, el Presidente Jefferson y Madison su Secretario de Estado se oponían a entregar sus nombramientos a los nuevos jueces de los circuitos federales de paz hechos por el Presidente Adams, es decir a jueces menores, obstaculizando así la decisión del presidente que era su antecesor, por lo que uno de dichos jueces menores impugna esa negativa de otorgarle su nombramiento y el Presidente de la Corte Marshall se hace escuchar por el Presi-

---

75 Cfr. LÓPEZ Ulla Juan Manuel. Op. Cit. pp. 333 y 334.

76 Cfr. LÓPEZ Ulla Juan Manuel. Op. Cit. pp. 335-337.

dente Jefferson y el Secretario de Estado Madison con esta sentencia en la cual tomó como salida declarar la inconstitucionalidad del *writ of mandamus* previsto en la *Judiciary Act* de 1789, señalando la facultad de la Corte para interpretar y proteger la Constitución y resolviendo la situación jurídica en favor del juez Marbury a quien el Secretario Madison se negaba a entregar su nombramiento, asegurando con dicha resolución la primacía de la Constitución y del orden federal. Básicamente ha sido considerado el principio de control constitucional a pesar de no existir leyes que establezcan los medios para hacer valer esa inconstitucionalidad.[77]

Haciendo un poco de historia encontramos que el gran protagonista es John Marshall, Presidente de la Corte Suprema de Justicia de los Estados Unidos. En 1800 renuncia el entonces tercer Presidente de la Corte, Oliver Ellsworth y el Presidente de los Estados Unidos, John Adams, nombra a John Jay (quien fue el primer Presidente de la Corte entre 1789 y 17895), pero este no acepta y entonces nombra a su Secretario de Estado, John Marshall. El 27 de enero de 1801 el Senado ratificó su nombramiento y Marshall tomó posesión el 4 de febrero de ese año: No obstante lo anterior, Adams omitió nombrar otro Secretario de Estado por lo que Marshall ocupó ambos puestos en forma simultánea durante un mes. Cuando el nuevo Presidente de Estados Unidos, Thomas Jefferson, tomó posesión el 04 de marzo de 1801, Marshall renuncia a ser Secretario de Estado. El Presidente y el Congreso pertenecían al Partido Republicano y Marshall tenía sentido partidario en favor del Partido Federalista, no obstante lo anterior tuvo mucho éxito en la Corte y creo el *judicial review* y solamente en una ocasión durante sus quince años en la Corte quedó con minoría de votos. El 27 de febrero de 1801, a pocos días de la toma de posesión de Jefferson y cambio del Congreso (que pasó a ser dominado por los Republicanos), el Presidente

77 Cfr. RODRÍGUEZ Marcos del Rosario. La cláusula de la supremacía constitucional. pp. 54 a 57.

Adams aprobó el nombramiento antes citado y estos fueron ratificados por el Senado un día antes de la toma de posesión de Jefferson, es decir el 03 de marzo de 1801, el Secretario de Estado que todavía era Marshall, debía certificar los nombramientos extendiendo sobre ellos el sello oficial. Sin embargo, por la premura del tiempo no lo hizo. Al tomar posesión el nuevo Secretario de Estado James Madison se niega a sellar y entregar los nombramientos que faltaban de algunos de los 42 Jueces de Paz, William Marbury fue uno de ellos y ante tal negativa demandó a Madison pidiendo una orden de *Mandamus* para que se viera obligado a entregar el nombramiento. El 24 de febrero de 1803 la Corte emitió su fallo en forma unánime. La sentencia señala: a) El momento en el que el Ejecutivo uso su facultad es cuando nombró al Juez de Paz; b) El gobierno de Estados Unidos es un gobierno de derecho y no un gobierno de hombres; y c) Una ley del Congreso que repugnara la Constitución debe considerarse inexistente e indudablemente es competencia y deber del Poder Judicial declarar si la ley se opone a la Constitución.[78]

Esta histórica decisión de gran importancia, que estableció de manera irrevocable el principio práctico y la vía adecuada para ejercer el control constitucional no fue reiterada en muchos años, de hecho, el Juez Marshall jamás volvió a inaplicar una ley el tiempo que permaneció en la Corte.[79]

1.4 Textos constitucionales mexicanos.

Como es bien sabido, han existido diversos textos constitucionales en nuestro país, con vigencia efímera o larga, algunas tal vez sin vigencia, pero que consideramos prudente analizar para ir

78 Cfr. CARBONELL Sánchez Miguel. Marbury Vs Madison, en los orígenes de la supremacía constitucional y el control de constitucionalidad. Revista Iberoamericana de Derecho Procesal Constitucional. ISSN 1870-8390, N° 5, 2006, pp. 289-300.

79 Cfr. GARCÍA Belaunde Domingo. Op. Cit. p. 84, 107 y 108.

adentrándonos en el conocimiento de esa existencia, evolución y control de la supremacía constitucional sin la cual resulta imposible hablar de constitucionalidad de la facultad reglamentaria, es decir si la Constitución le pone límites a la misma y cuales son.

Para Sergio García Ramírez la Carta de 1814 fue el mascarón de la proa, la ley suprema de 1824 fue aquella sobre la cual soplaron vientos encontrados de diverso signo, después la centralista, la primera constitución liberal y federal de 1857 y finalmente la Constitución de Querétaro.[80]

También veremos si dichos textos otorgaban o no facultad reglamentaria en general al Poder Ejecutivo o al Presidente de la República en particular. Lo anterior sin omitir mencionar que consideramos conveniente conocer los documentos relevantes que se dieron en la época correspondiente a cada una de dichas constituciones y que pueden servir para entender no solo el contenido constitucional del caso, también la situación jurídica, política y social del país.

1.4.1 La Constitución de Apatzingán de 1814.

Solemos tener conocimientos sobre la historia de México y en particular sobre la independencia, pero resulta interesante e importante adentrarnos en los diversos documentos que pretendieron regir al país incluso cuando todavía no era un Estado independiente. Tena Ramírez nos menciona que antes de la tan conocida Independencia, en junio 8 de 1808 llegó a la Nueva España la noticia del motín de Aranjuez y como consecuencia la abdicación del rey Carlos IV en favor de su hijo Fernando VII y el 14 de julio se tuvo conocimiento de las renuncias en Bayona

---

80 ANDRADE Sánchez Eduardo. Constitución Política de los Estados Unidos Mexicanos, comentada. Tercera edición. México. 2016. Editorial Oxford University Press. pp. IX y X.

de los reyes de España en favor de Napoleón.[81] El Ayuntamiento de la Ciudad de México integrado por criollos entregó a Iturrigaray la exposición que había elaborado el regidor Juan Francisco Azcárate y que fue probablemente el primer documento oficial que en la Nueva España sostuvo la tesis de la re-asunción de la soberanía por el pueblo en ausencia y en nombre del rey cautivo. La intención de Iturrigaray de reunir en un congreso a los Ayuntamientos en septiembre de ese año causó temor entre los Españoles, por lo que se apoderaron de él el 15 de septiembre de 1808 y a los dirigentes criollos incluidos Azcárate y Francisco Verdad; al día siguiente la audiencia reconoció a Pedro Garibay como virrey,[82] hechos ocurridos justo dos años antes del "grito de independencia" de Hidalgo.

Posteriormente hubieron dos conspiraciones principales, la de Valladolid (hoy Morelia) en 1809 y la de Dolores, ambas dirigidas por criollos que invocaban el nombre de Fernando VII, aunque esta última toma fuerza al llamar a los mestizos e indios, entonces el 6 de diciembre de 1810 estando ya en guerra Hidalgo, pronuncia su Bando, poco después perdería la batalla de Puente Calderón el 17 de enero de 1811 a pesar de tener el ejército más grande reunido en el suelo mexicano con cien mil hombres contra siete mil quinientos de Calleja. Dicho Bando constaba de tres artículos que establecían: libertad a los esclavos, cancelación de tributos de las castas y abolición del papel sellado.[83]

Después vinieron los Elementos Constitucionales de López Rayón en 1811, este constaba de treinta y ocho artículos entre los que destacan la religión católica como única (Art. 1°); la independencia de La América de toda otra nación (Art. 4°); la soberanía del pueblo que reside en la persona del rey Fernando VII

---

81 Vid Infra. 1.2.3 España.

82 Cfr. TENA Ramírez Felipe. Leyes fundamentales de México, 1808-2005. Vigésimo Quinta Edición. México 2008. Editorial Porrúa. pp. 3 y 4.

83 Cfr. TENA Ramírez Felipe. Leyes fundamentales de México, 1808-2005. pp. 21 y 22.

y se ejerce por el Supremo Congreso Nacional Americano (Art. 5°); la inviolabilidad de los legisladores llamados Vocales (Art. 12); la existencia de tres poderes: Legislativo, Ejecutivo y Judicial con preeminencia del primero (Art. 21); la proscripción de la esclavitud (Art. 24); la inviolabilidad del domicilio y a aplicación de la *ley de corpus haveas*[84] *de la Inglaterra* (Art. 31); nos llama la atención que en el cuarto párrafo de los Elementos Constitucionales señala: "...ofrecer a todo el Universo los elementos de una Constitución que ha de forjar nuestra felicidad..."[85], al estilo del *pursuit of happiness* (búsqueda de la felicidad).

Siendo líder del movimiento insurgente, Morelos presentó el 14 de septiembre de 1813 en el Congreso que él convocó en Chilpancingo su escrito Sentimientos de la Nación que contiene los veintitrés puntos dados por Morelos para la Constitución, destacando: La independencia de la América de España y de toda otra nación, gobierno o monarquía (1°); la religión católica como la única (2°); la soberanía dimana del pueblo y se deposita en los tres poderes a saber Legislativo, Ejecutivo y Judiciario (5°) la división de poderes (6°); la proscripción de la esclavitud (15°); impuestos del cinco por ciento sobre las ganancias (hoy ISR), y eliminación de los demás tributos (22°)[86]. Es importante resaltar que los Elementos Constitucionales de López Rayón establecen por primera vez en México (La América) la existencia de la división de poderes y que esta idea es retomada por Morelos en los Sentimientos de la Nación.

El seis de noviembre de 1813 el Congreso de Anáhuac, reunido en la ciudad de Chilpancingo de la América Septentrional declara la independencia de la misma aunque emite el Decreto Constitucional para la Libertad de la América Mexicana sancio-

---

84 Transcrito en la forma que aparece en el texto consultado.

85 Cfr. TENA Ramírez Felipe. Leyes fundamentales de México, 1808-2005. pp. 23 a 27.

86 Cfr. MORELOS José María. Sentimientos de la Nación. Visible en http://www.bicentenarios.es/doc/8130914 consulta 25 de noviembre de 2017 a las 18:46 horas.

nado el 22 de octubre de 1814 sancionado en Apatzingán, de ahí el nombre de Constitución de Apatzingán.

Para un sector de importantes juristas mexicanos *exempli gratia* Héctor Fix-Zamudio, Ignacio Burgoa y Felipe Tena Ramírez, esta Constitución nunca tuvo vigencia o aplicación práctica en la vida jurídica de México. Para otros como Ulises Flores Sánchez, Jaime Canseco González y Miguel de la Madrid Hurtado, esta si tuvo vigencia y ambas partes exponen sus argumentos al respecto.[87]

En el mismo sentido de negar su vigencia y aplicación se pronuncia Marcos del Rosario Rodríguez, aunque expresa que su artículo primero declaraba abolida la Constitución de Cádiz de 1812.[88]

No es materia del presente texto entrar al estudio de la vigencia o no de dicho documento, sin embargo, le atribuimos importancia como un documento histórico y sin duda un antecedente de las legislaciones posteriores, por lo que señalamos que el principio de división de poderes ya se encontraba en la misma, al respecto los artículos 11 y 12 señalan respectivamente:

> *"Artículo 11.- Tres son las atribuciones de la soberanía: la facultad de dictar leyes, la facultad de hacerlas ejecutar y la facultad de aplicarlas a los casos particulares.*
>
> *Artículo 12.- Estos tres poderes, Legislativo, Ejecutivo y Judicial, no deben ejercerse, ni por una sola persona, ni por una sola corporación".*[89]

---

87 Cfr. FLORES Sánchez Ulises. De la constitución de Apatzingán de 1814. Editorial Porrúa, México, 2014. pp. 31 a 36.

88 Cfr. RODRÍGUEZ Marcos del Rosario. La cláusula de la supremacía constitucional. pp. 71 y 72.

89 MOGUEL Julio y CIENFUEGOS David. La constitución de Apatzingán, carta libertaria de las Américas. Centro de estudios sociales y de opinión pública. Cámara de Diputados, México, 2014, p. 15.

Ahora bien, siguiendo la tradición francesa y de Montesquieu, ante los embates sufridos en México por el pueblo debido al virreinato, se establece una división de poderes con una gran predominancia del Poder Legislativo, es decir, no se establece un reparto equitativo de funciones entre los tres poderes, no se estableció un sistema de contrapesos efectivos, el congreso era unicameral, lo que impedía que en sí mismo se limite, creando un poder Ejecutivo formado por tres personas, siendo estas Cos, Morelos y Liceaga, lo que establecía un contrapeso dentro del propio ejecutivo con independencia de la superioridad del legislativo antes mencionada[90], sin otorgar al poder Ejecutivo la facultad reglamentaria motivo de nuestro estudio, al respecto los artículos 159 a 165 de la Constitución de Apatzingán de 1814 se refiere al Supremo Gobierno y en resumen le otorga las siguientes facultades:

Publicar la guerra y ajustar la paz, celebrar tratados, organizar el ejército y la milicia, atender y fomentar talleres de armas, proveer los empleos políticos, militares y de hacienda, cuidar que existan suficientes sacerdotes, suspender servidores, hacer que se observen los reglamentos de policía y proteger los derechos de libertad, propiedad, igualdad y seguridad. Es decir que el único texto que usa la palabra proveer como en el caso del actual artículo 89 fracción primera es el 162 que establece: "*Proveer los empleos políticos, militares y de hacienda, excepto desde luego los que se ha reservado el Supremo Congreso*". Por su parte, los artículos 166 a 174 le establecen prohibiciones siendo importante para el caso el 170 que expresaba: "*Crear empleos o variar los existentes, debiendo sujetarse a las leyes o reglamentos que adoptare o sancionare el Congreso*".[91]

Como puede observarse, la facultad reglamentaria del poder ejecutivo era inexistente.

---

90 Cfr. FLORES Sánchez Ulises. Op. Cit. pp. 73-85.

91 Cfr. MOGUEL Julio y CIENFUEGOS David. Op. Cit, pp. 40-43.

1.4.2 La Constitución de 1824.

Como consecuencia del levantamiento de Riego, Fernando VII tuvo que restablecer la Constitución de Cádiz, siendo que en México se adelantaron a prestarle adhesión Campeche y después Veracruz, por lo que es obvio estuvo vigente en el país, sin embargo, dicha constitución ya fue comentada previamente.[92]

Cuando en 1820 había decaído casi hasta extinguirse la insurgencia y sólo se mantenían Guerrero y Asencio el restablecimiento de la Constitución de Cádiz fue vital para la independencia, para la firma del Plan de Iguala entre Guerrero e Iturbide como ya hemos mencionado y consecuentemente para a firma de los Tratados de Córdova con Juan O´Donojú y consecuentemente para la entrada del ejército trigarante el 27 de septiembre de 1821 a la ciudad de México y consumarse la independencia. Así también, reiteramos que el artículo 4° del Plan de Iguala nombraba como monarca a Fernando VII y en consecuencia no existía división de poderes.

En los Tratados de Córdova se establece la independencia del llamado imperio mexicano (Art. 1°); el gobierno monárquico (Art. 2°); la creación de una Junta Provisional de Gobierno con los primeros hombres del imperio con un presidente y con democracia en su interior en lo que hay monarca (Arts. 6° al 12); se crea el Poder Ejecutivo que reside en la regencia sin señalarle atribuciones y el Legislativo que reside en Las Cortes (Art. 14),[93] es decir que se establece una monarquía, pero mientras llega el monarca Fernando VII estará la Junta Provisional de Gobierno quien actuará hasta que se designe al regente y se reúnan Las Cortes en lo que se tiene monarca.

En este caso no podemos separar el Acta Constitutiva de la Constitución de 1824, que se considera la primera proviene de

---

92 Vid Infra 1.2.3 España.

93 TENA Ramírez Felipe. Leyes fundamentales de México, pp. 109 a 119.

la lucha entre las facciones monárquicas y liberales y la segunda por la influencia del modelo constitucional norteamericano. No debemos de olvidar que en ese entonces la monarquía era un régimen que se consideraba natural y en especial para un estado naciente como lo era México y que gracias el descrédito del efímero Imperio de Agustín de Iturbide finalmente se inclinó hacia el sistema liberal, no obstante que conforme a lo previamente acordado en los tratados de Córdova y en el Plan de Ayala la forma de gobierno del Estado mexicano sería la monarquía, ya que los liberales con los planes de Casamata y de Veracruz le dieron difusión al ideario político y constitucional de Estados Unidos, siendo está la que permeó en el quehacer de los integrantes del constituyente de 1824 y decidieron optar por la República Federal existiendo puntos de unión y de separación entre el Acta Constitutiva, la Constitución de 1824 y la Constitución norteamericana. El artículo 24 del Acta Constitutiva del 31 de enero de 1824 señalaba que los Estados no podrán oponerse a dicha acta ni a lo que se establezca en la Constitución General, por su parte esta al ser promulgada en su artículo 161 fracción III señaló la obligación de los Estados de respetar dicha Constitución.[94]

El artículo 24 de la citada Acta Constitutiva establece por primera ocasión lo que podemos considerar como el principio de "Supremacía Constitucional", ya que expresa literalmente: "*Las Constituciones de los Estados no podrán oponerse a esta acta ni a lo que establezca la Constitución general...*".[95] Consecuentemente, existe división de poderes, facultad reglamentaria y supremacía constitucional, pero no el elemento de control de constitucionalidad.

El Acta Constitutiva establece en su artículo noveno: "*El poder supremo de la federación se divide, para su ejercicio, en legislativo, ejecutivo y judicial; y jamás podrán reunirse dos o más de estos en una*

---

94 Cfr. RODRÍGUEZ Marcos del Rosario. La cláusula de la supremacía constitucional. pp. 72-77.

95 TENA Ramírez Felipe. Leyes fundamentales de México, 1808-2005. p. 158.

corporación o persona, ni depositarse el legislativo en un individuo".[96] Podemos destacar de este artículo y en el quinto la presencia de una república federal que no se había visto en los textos precedentes, así también, la división de poderes en los tres hasta hoy existentes y la no invasión de los mismos que hasta el día de hoy subsiste en el segundo párrafo del texto constitucional, aunque como expondremos más adelante, pareciera que en ocasiones lo olvida el propio poder judicial.

Por su parte, el artículo décimo establece: "*El poder legislativo de la federación residirá en una cámara de diputados y en un senado, que compondrán el congreso general*". [97] Con ello, encontramos también por primera vez un poder legislativo bicameral como subsiste al día de hoy en el artículo 50 constitucional, siguiendo el ejemplo de nuestros vecinos del norte.

El artículo décimo quinto establecía que el poder ejecutivo se depositaría en uno o más individuos y el décimo sexto las atribuciones del poder ejecutivo, siendo que su fracción I se refiere a "*...poner en ejecución las leyes dirigidas a consolidar la integración de la federación...*" y la fracción XIV señala: "*Dar decretos y órdenes para el mejor cumplimiento de la Constitución y leyes generales*". Con ello, si bien no establece directamente la facultad reglamentaria, obviamente debe interpretarse en dicho sentido, ya que "dar decretos y órdenes" es mucho más apegado a reglamentar una ley que la palabra proveer ya que el texto actual de la Constitución en su artículo 89 fracción I establece en su parte conducente "*...proveyendo en la esfera administrativa a su exacta observancia*", es decir no refiere en forma expresa y clara la facultad de reglamentar como se estudiará más adelante.

El cuatro de octubre de 1824 se promulgó la primera constitución federal de México y para muchos la primera constitución

---

96 TENA Ramírez Felipe. Leyes fundamentales de México 1808-2005. p. 155.

97 TENA Ramírez Felipe. Leyes fundamentales de México 1808-2005. p. 155.

de México, siendo presidente del congreso constituyente Lorenzo de Zavala. Su artículo cuarto reitera el Acta Constitutiva en cuanto a tener como forma de gobierno la de república representativa popular federal. La división de poderes se establece en su artículo sexto. El artículo setenta y cuatro se refiere al poder ejecutivo y lo deposita en una sola persona con la denominación de Presidente de los Estados Unidos Mexicanos y aunque su artículo primero habla de la Nación Mexicana, esta constitución señala por primera ocasión la existencia de los Estados Unidos Mexicanos, que es el actual conforme al artículo primero de la constitución vigente. No obstante lo anterior, siguiendo el sistema del vecino del norte se establece la figura del vice-presidente en el artículo siguiente. El artículo 110 contiene en sus tres primeras fracciones la atribución reglamentaria al facultarle para hacer guardar las leyes y decretos del congreso general; dar reglamentos, decretos y órdenes para el mejor cumplimiento de la constitución, acta constitutiva y leyes generales; y poner en ejecución las leyes y decretos relativos a conservar la federación y sostener la independencia. Finalmente, el artículo 161 fracción I establece la supremacía de la constitución. Dichos artículos literalmente establecen en su parte conducente:

> *Artículo 1. La nación mexicana es para siempre libre e independiente del gobierno español y de cualquiera otra potencia.*
>
> *Artículo 4. La nación mexicana adopta para su gobierno la forma de república representativa popular federal.*
>
> *Artículo 6. Se divide el supremo poder de la federación para su ejercicio, en legislativo, ejecutivo y judicial.*
>
> *Artículo 74. Se deposita el supremo poder ejecutivo de la federación en un solo individuo, que se denominará Presidente de los Estados Unidos Mexicanos.*
>
> *Artículo 75. Habrá también un vicepresidente, en quien recaerán, en caso de imposibilidad física o moral del presidente, todas las facultades y prerrogativas de éste.*

> *Artículo 110* (fracciones I a III), *Las atribuciones del presidente son las que siguen: I. Publicar, circular y hacer guardar las leyes y decretos del gobierno general. II. Dar reglamentos, decretos y órdenes para el mejor cumplimiento de la Constitución, acta constitutiva y leyes generales. III. Poner en ejecución las leyes y decretos dirigidos a conservar la integridad de la Federación, y a sostener su independencia en lo exterior, y su unión y libertad en lo interior.*
>
> *Artículo 161* (fracción I), *Cada uno de los Estados tiene obligación: I. De organizar su gobierno y administración interior, sin oponerse a esta constitución ni a la acta constitutiva.*[98]

Para efectos del siguiente tema, es importante resaltar que el artículo 171 prohibía la reforma de los artículos que entre otras se refieren a la forma de gobierno y división de los poderes supremos de la federación y de los Estados.

1.4.3 La Constitución de 1837 o Siete Leyes y Las Bases Orgánicas de 1843.

Esta época constitucional y de gobierno de México ha sido menospreciada y poco estudiada, la animadversión a Antonio López de Santa Anna y la acusación que pesa sobre su cabeza de haber vendido la mitad del territorio del país (abandonado por cierto por los gobiernos estatales y ocupado por extranjeros con su pleno consentimiento) tuvo gran influencia en esto, además de que a final de cuentas resultó el perdedor y no debemos olvidar que los vencedores son los que escriben la historia.

El proyecto federal de 1824 no había rendido buenos frutos, lo que motivó a los conservadores para que aprovechando su mayoría parlamentaria en forma ilegal se erijan en Poder Constitu-

---

98 TENA Ramírez Felipe. Leyes fundamentales de México, 1808-2005. pp. 168, 179, 182 y 191.

yente promulgando el 30 de diciembre de 1836 la Constitución conocida tradicionalmente como “Las Siete Leyes”.[99]

Es importante hacer notar que esta es la única Constitución mexicana que ha creado un sistema similar al austriaco o kelseniano en el cual existe un órgano creado para preservar y conservar el orden constitucional, aunque el sistema a diferencia del kelseniano no era jurídico, era de tipo político.

El control de la constitucionalidad era de tipo político ejercido por el Supremo Poder Conservador y su facultad estaba establecida en el artículo 12 fracciones I, II y III de la Segunda Ley y que le facultaba para declarar la nulidad de todo acto que proceda de los Poderes Legislativo, Ejecutivo y Judicial que fuesen en contra de lo dispuesto en la Constitución.

Dicho sistema tenía varios defectos a decir de Marcos del Rosario Rodríguez como la falta de responsabilidad de sus miembros sobre sus actos o facultades extraordinarias desproporcionadas,[100] con independencia de ello y si bien no es motivo del presente trabajo, consideramos que la actual tendencia a crear dicho tribunal en México es regresiva, ello en virtud de que la Suprema Corte de Justicia de la Nación tiene facultad derogatoria y su declaración de inconstitucionalidad de una norma puede tener efectos *interpartes* en el caso de los juicios de Amparo o *erga omnes* al tratarse de Acciones de Inconstitucionalidad o Controversias Constitucionales, ya desde 1989 manifestábamos esa necesidad de dotar de facultad derogatoria[101] y desde 1994 es una realidad jurídica, aunque hasta el 14 de febrero de 2019 se materializó por primera ocasión, por lo que consideramos in-

---

99 Cfr. RODRÍGUEZ Marcos del Rosario. La cláusula de la supremacía constitucional. p. 78.

100 Cfr. RODRÍGUEZ Marcos del Rosario. La cláusula de la supremacía constitucional. p. 79.

101 VÁZQUEZ Flota Ignacio. Dotación de facultad derogatoria al Poder Judicial de la Federación. Tesis de licenciatura. 1989. Biblioteca de la Facultad de Derecho UADY.

necesario crear un órgano *ex profeso* para dicha actividad, además de existir sentencia de la Corte Interamericana de Derechos Humanos que obliga a México al control difuso de constitucionalidad y convencionalidad,[102] a pesar de que la Suprema Corte de justicia de la Nación se resistía a aceptar que los juzgadores comunes puedan ejercer el control difuso de constitucionalidad y convencionalidad.

El artículo 12 de la segunda Ley establecía en sus tres primeras fracciones: *Las atribuciones de este poder* (el Supremo Poder Conservador), *son las siguientes: I. Declarar la nulidad de una ley o decreto, dentro de los dos meses después de su sanción, cuando sean contrarios a artículo expreso de la Constitución, y le exijan dicha declaración, o el supremo poder Ejecutivo, o la alta Corte de Justicia, o parte de los miembros del poder Legislativo* (como es el caso actual de las Acciones de Inconstitucionalidad previstas en la fracción II del artículo 105 constitucional), *en representación que firmen dieciocho por lo menos. II. Declarar, excitado por el poder legislativo o por la Suprema Corte de Justicia, la nulidad de los actos del poder Ejecutivo, cuando sean contrarios a la Constitución o a las leyes, haciendo esta declaración dentro de cuatro meses contados desde que se comuniquen esos actos a las autoridades respectivas. III. Declarar en el mismo término la nulidad de los actos de la Suprema Corte de Justicia, excitado por alguno de los otros dos poderes, y sólo en el caso de usurpación de facultades.*[103]

La Tercera Ley creaba el poder legislativo, la Cuarta el Ejecutivo y la Quinta el Judicial , Tena Ramírez nos señala que expresaban literalmente: *Tercera Ley, Artículo 1. El ejercicio del poder legislativo se deposita en el congreso general de la nación, el cual se compondrá de dos cámaras. Ley Cuarta, Artículo 1. El ejercicio del Poder Ejecutivo se deposita en un supremo magistrado, que se denominará Presidente de la República; durará ocho años y se elegirá de la manera siguiente. Ley Quinta, Artículo 1. El poder Judicial de la República se ejercerá por una*

---

102 Esto aplica para las Constituciones de 1857 y 1917 por tener textos similares.

103 TENA Ramírez Felipe. Leyes fundamentales de México, 1808-2005. p. 210.

Corte Suprema de Justicia, por los tribunales superiores de los departamentos, por los de Hacienda que establecerá la ley de la materia y por los juzgados de primera instancia.[104] Aquí resalta la denominación correcta de la Corte Suprema y no Suprema Corte que hoy subsiste, así como señalar que los tribunales administrativos y los de primera instancia forman parte del poder judicial de la república.

El artículo 17 de la Ley Cuarta otorga aunque con ciertas limitaciones la facultad reglamentaria al Presidente de la República en su fracción I, que acorde a Tena Ramírez señalan:

> *Artículo 17. Son atribuciones del Presidente de la República: I. Dar, con sujeción a las leyes generales respectivas, todos los decretos y órdenes que convengan para la mejor administración pública, observancia de la Constitución y las leyes, y de acuerdo con el consejo* (trece consejeros conforme al artículo veintiuno), *los reglamentos para el cumplimiento de estas.*

Como consecuencia, encontramos que en esta constitución se establece la división de poderes, la supremacía constitucional, la facultad reglamentaria y los medios de defensa constitucional.

Siendo Presidente de la República Nicolás Bravo, el 23 de diciembre de 1842 designó ochenta notables para integrar la Junta Nacional Legislativa y elaborar las bases constitucionales; el seis de enero de 1843 dicha Junta decidió expedir una nueva constitución.[105]

Las Bases Orgánicas o Bases de Organización Política de la República Mexicana sancionadas por Antonio López de Santa Anna quien ya había reasumido la presidencia el 13 de julio de 1843 dan paso al centralismo aristocrático y radical en nuestro país creando un sistema flexible de reforma constitucional similar al de las leyes ordinarias y obviamente otorgando prevalencia al Poder Ejecutivo y sin la existencia desde luego del Supremo Poder Conservador.

---

104 TENA Ramírez Felipe. Leyes fundamentales de México 1808-2005. pp. 212, 222 y 230.

105 Cfr. TENA Ramírez Felipe. Leyes fundamentales de México, 1808-2005. p. 403.

El artículo 5° de dichas bases mantiene la división de poderes, el 25 se refiere al Poder Legislativo que continúa bajo la figura bicameral, el 83 al Supremo Poder Ejecutivo y el 87 a sus atribuciones, el 115 se refiere al Poder Judicial, su artículo 202 se refiere a la observancia de dichas bases y que junto con otros artículos son la supremacía constitucional.

Resulta importante destacar que el artículo 118 al establecer las facultades de la Corte Suprema de Justicia no establece la defensa constitucional, por su parte el artículo 66 en su fracción XVII faculta en forma limitada al Congreso para ello al señalar:

> *Artículo 66. Son facultades del congreso: XVII. Reprobar los decretos dados por las Asambleas departamentales cuando sean contrarios á la Constitución ó á las leyes, y en casos prevenidos en esta bases.*[106]

En lo referente a la facultad reglamentaria encontramos que cuenta con la misma en forma expresa e incluso para formar aranceles como se puede observar del artículo 87 fracciones IV y XV que literalmente establecen:

> *Artículo 87. Corresponde al Presidente de la República: IV. Expedir órdenes y darlos reglamentos necesarios para le ejecución de las leyes, sin alterarlas ni modificarlas. XV. Formar los aranceles de comercio con sujeción á las bases que diere el Congreso.*[107]

Como consecuencia, encontramos que en esta constitución se establece la división de poderes, la supremacía constitucional, la facultad reglamentaria y los medios de defensa constitucional, pero limitados.

Desde luego México no podía dejar sus batallas internas, el intento de poner al hijo de Iturbide en el poder, el movimiento

---

[106] TENA Ramírez Felipe. Leyes fundamentales de México, 1808-2005. (transcripción literal) pp. 414 y 415.

[107] TENA Ramírez Felipe. Leyes fundamentales de México, 1808-2005. (transcripción literal) pp. 418 y 419.

de Ayutla y la huida de Santa Anna en agosto de 1855, iniciando así el proceso para arribar a la siguiente constitución.

1.4.4 La Constitución de 1857 y las Leyes de Reforma.

Coincidiendo con Estrada Sámano, esta Constitución Federal de 5 de febrero de 1857 es uno de los textos fundamentales del constitucionalismo mexicano y de hecho la constitución actual también de 5 de febrero se señala a sí misma como reformatoria de la expedida en 1857.[108]

El 16 de agosto de 1846 Santa Anna regresó de su destierro en Cuba, recibido por Crescencio Rejón en Veracruz y posteriormente en México por Gómez Farías, esta vez se proclamó liberal, demócrata, federalista y enemigo de la monarquía, incluso veladamente en contra del clero. Se buscaba restablecer la Constitución de 1824, en 1847 Gómez Farías quien aún fungía como Presidente al no haber retomado el poder Santa Anna, se propuso mediante la Ley de Bienes Eclesiásticos obtener recursos para la guerra contra Estados Unidos. Se suprimió la figura del vicepresidente y el Presidente regresó al poder quien al perderse la guerra dejó el poder en manos del Presidente de la Suprema Corte Manuel de la Peña y Peña, quien ratificó el Tratado de Guadalupe y dio fin a la guerra.[109]

Se crea el Acta de Reformas Constitutiva y de Reformas de 18 de mayo de 1847, jurada y promulgada el 21 del mismo mes y año, con la citada intención de restablecer la de 1824 y de la cual destaca que su artículo 16 establece que las leyes de los Estados que ataquen a la Constitución serán declaradas nulas por el Congreso a petición de la Cámara de Senadores, por su parte,

---

108 Cfr. ESTRADA Sámano Rafael. Los orígenes y la Génesis de la Constitución de 1857. En la obra: 1857, Rabasa y otros ensayos de historia y control constitucional. Estrada Sámano y Estrada Michel. México. 2011. Editorial Porrúa. p. 25.

109 Cfr. TENA Ramírez Felipe. Leyes fundamentales de México. 1808-2005. pp. 439-441.

el artículo 23 establecía que las leyes del congreso podían ser declaradas anticonstitucionales mediante el examen de las legislaturas y la publicación de resultados que haga la Suprema Corte, en materia de Amparo se establece con las limitaciones de la "Formula Otero" que perdura hasta hoy aunque existen nuevas formas de control constitucional y al respecto señalaban:

> Artículo 16. Toda ley de los Estados que ataque la Constitución o a las leyes generales, será declarada nula por el Congreso; pero esta declaración sólo podrá ser iniciada por la Cámara de Senadores.
>
> Artículo 23. Si dentro de un mes de publicada una ley del congreso general fuere reclamada, como anticonstitucional, ó por el Presidente de acuerdo con su ministerio, ó por diez diputados, ó seis senadores, ó tres Legislaturas, la Suprema Corte, ante la que se hará el reclamo, someterá la ley al exámen de las Legislaturas, las que dentro de tres meses, y precisamente en un mismo día, darán su voto. Las declaraciones se remitirán á la Suprema Corte, y esta publicará el resultado, quedando resuelto lo que diga la mayoría de las Legislaturas.
>
> Artículo 25. Los Tribunales de la Federación ampararán á cualquier habitante de la República en el ejercicio y conservación de los derechos que le concedan esta Constitución y las leyes constitucionales, contra todo ataque de los Poderes Legislativo y Ejecutivo, ya de la Federación, ya de los Estados, limitándose dichos tribunales á impartir su protección en el caso particular sobre que verse el proceso, sin hacer ninguna declaración general respecto de ley ó del acto que lo motivare.[110]

Similar texto al de dicho artículo 25 lo podemos encontrar en la Ley de Amparo anterior y en la vigente.

México, un país de contrastes, de constantes guerras, asonadas, rebeliones, revoluciones y traiciones continuó con su tradición de tal suerte que el Presidente de la República Ignacio Comonfort,

---

110 TENA Ramírez Felipe. Leyes fundamentales de México, 1808-2005. p. 474 y 475. (transcripción literal).

quien estuvo en el inicio de las sesiones del constituyente, una vez promulgada la Constitución de 1857 se proclamó en desacuerdo con la misma y se unió al Plan de Tacubaya con la intención de abolir el orden constitucional vigente. La citada Constitución ha sido acusada de copiar el artículo 6º de la de Estados Unidos, aunque se señala que hubo un error en la traducción indebida o que probablemente no existe error, que esto fue intencional al establecer en donde dice: "...leyes de los Estados Unidos..." el texto: "... leyes del Congreso de la Unión...", lo que no es lo mismo, ya que en Estados Unidos se trata de sobreponer el federalismo, mientras que en México por citar un ejemplo se pretende que todas las leyes que expida el Congreso son federales (y aplican a todo el país) cuando esto no es así como en el caso de la existencia de territorios o del también extinto Distrito Federal cuyas leyes no regían en todo el país pero eran expedidas por el Congreso de la Unión, similar texto pasó a la Constitución de 1917 en el artículo 133.[111]

Santa Anna nuevamente es llamado de su destierro, en esta ocasión en Turbaco, Colombia en 1853 y recibido en Veracruz por los representantes de los partidos Liberal, Conservador y Moderado, el primero de abril, ya habiendo sido electo Presidente Interino el 17 de marzo previo con dieciocho votos de los Estados y Cinco en contra, con el poder necesario para gobernar durante un año sin constitución, entonces se inclinó por los conservadores encabezados por Alamán y se elaboraron las Bases para la Administración de la República Hasta la Promulgación de la Constitución, promulgada el 23 de abril de 1853. Santana intentó implantar el régimen monárquico y se auto nombró Su Alteza Serenísima, no lo logró, pero con la abolición del sistema federal pudo satisfacer al partido conservador, Santa Anna se prorrogó en el poder.[112]

---

111 Cfr. RODRÍGUEZ Marcos del Rosario. La cláusula de la supremacía constitucional. 2011. pp. 86-92.

112 Cfr. TENA Ramírez Felipe. Leyes fundamentales de México, 1808-2005. pp. 478 a 481.

El presidente Comonfort en su momento tuvo dudas sobre la viabilidad de gobernar con la constitución, lo que motivó que encarcele a Juárez para que quede Zuloaga, quien se declaró presidente en un intento de imponer la dictadura, posteriormente Comonfort cambió de opinión y liberó a Juárez, presentando su renuncia, por lo que Juárez quien en 1857 precisamente había sido elegido presidente de la Suprema Corte de Justicia de la Nación y regresado a la capital, constitucionalmente había de asumir la presidencia, resultando en consecuencia la existencia de dos presidentes al mismo tiempo y por lo tanto inevitable una guerra civil incluyendo la firma del Tratado McLane-Ocampo por Juárez y el que a cambio de un préstamo de dos millones de pesos a México, concedía a los norteamericanos el libre tránsito por el istmo de Tehuantepec, con privilegios militares y con la posibilidad de intervención militar, mismo tratado que afortunadamente el Senado norteamericano no aprobó.[113]

Esta Constitución y la época que vivió México tienen íntima relación, se dice que el segundo episodio del constitucionalismo tuvo lugar en la época de reforma, en 1867 con la restauración definitiva de la República, en cuyos inicios el Presidente Benito Juárez emitió la convocatoria para elecciones que marcó el regreso al régimen constitucional después de una dictadura de facto del célebre oaxaqueño que ejerció durante el largo período de las dos guerras, la Guerra de Tres Años o de Reforma y en contra del Imperio de Maximiliano.[114]

A pesar de que Juárez es un conocido y reconocido masón, se afirma que la Constitución de 1857 no fue por la influencia de

---

113 Cfr. VÁZQUEZ Josefina Zoraida. De la independencia a la consolidación Republicana. En la obra: Nueva historia mínima de México ilustrada. Secretaría de Educación. México 2008. pp. 302 a 304.

114 Cfr. ESTRADA Sámano Rafael. La influencia de la escuela libre de derecho en el desarrollo del derecho constitucional mexicano. En la obra: 1857, Rabasa y otros ensayos de historia y control constitucional. ESTRADA Sámano Rafael y Estrada Michel Rafael. Editorial Porrúa, México 2011, p. 11.

los masones como sucedió con la de 1824, que en esta ocasión ya existe un mayor conocimiento de la doctrina y de las dimensiones de este sistema constitucional y la gran influencia del libro "la democracia en América" del francés Alexis de Tocqueville.[115]

No debemos de olvidar que el Amparo tal y como se le conoce, tiene su origen en el Estado de Yucatán, André Ramos Tavares señala que existe consenso en cuanto a considerar que la primera constitución en América que previó expresamente el control de la constitucionalidad por la vía judicial de las leyes fue la del Estado yucateco en 1941, siendo en dicho momento un Estado separado de México,[116] el maestro Fix-Zamudio agrega que su creador Manuel Crescencio García Rejón y Alcalá elaboró la máxima institución procesal mexicana que inició con la revisión de constitucionalidad de las leyes.[117]

La Constitución de 1857 ya establece el control difuso aunque nunca se aplicó con reconocimiento al menos de la Corte y es la primera que establece el Juicio de Amparo.

Inicialmente se pensó que el ejecutivo era débil y se realizaron reformas en 1878, sin embargo, en 1892 la Unión Nacional Liberal encabezada al igual que en el 78 por Justo Sierra y al sentir que ahora el Ejecutivo (Porfirio Díaz) había llegado a ser demasiado fuerte, realizan una nueva propuesta clave de reforma para establecer la inamovilidad de los jueces, para que estos sean

---

115 Cfr. RODRÍGUEZ Marcos del Rosario. La cláusula de la supremacía constitucional. pp. 83 y 84.

116 Cfr. RAMOS Tavares André. Sistemas y modelos de justicia constitucional, con particular referencia a los ordenamientos latinoamericanos. En la obra: Justicia constitucional comparada. Bagni Silvia. Coordinadora. México. 2014. Editorial Porrúa. p. 224.

117 Cfr. FIX-ZAMUDIO Héctor. La creciente internacionalización de las constituciones iberoamericanas, especialmente en la regulación y protección de los derechos humanos. En la obra: Control de convencionalidad, interpretación conforme y dialogo jurisprudencial, una visión desde América latina y Europa. Saiz Arnaiz Alejandro, Eduardo Ferrer Mac-Gregor, Coordinadores. Primera edición. 2014. México. Editorial Porrúa. p. 201.

designados de por vida, en lugar de seguir siendo electos periódicamente como establecía la Constitución.[118] Posteriormente el Amparo creado por el ilustre Manuel Crescencio Rejón pasaría a formar parte de las figuras jurídicas más importantes del derecho mexicano y para su introducción sin crear gran conflicto se le instituyó la "Fórmula Otero", es decir la de la relatividad de las sentencias que fue la solución que ofreció Mariano Otero para que los legisladores y el ejecutivo no se sientan ofendidos ante una declaración universal de inconstitucionalidad.

Al hablar de la relatividad de las sentencias hemos señalado desde 1988-1989 lo obsoleto que resulta mantener dicho principio (que afortunadamente en 1994 se realizó la reforma constitucional correspondiente en materia de Acción de Constitucionalidad y Controversia Constitucional), así como que dicha fórmula ya cumplió con su misión histórica y por lo tanto debe superarse en la parte relativa a la declaración de inconstitucionalidad de las normas, tanto del legislativo como del ejecutivo y que estas tengan efectos *erga omnes*, evitando así una acumulación de juicios de amparo por la misma razón, si bien la propuesta era en el sentido de que la sentencia se turne al ejecutivo para su promulgación, el sistema establecido nos parece correcto, ya que tal y como se señalan en las conclusiones de la tesis de licenciatura los órganos del poder fueron creados para facilitar la actividad del mismo y la implantación de esta facultad derogatoria al Pleno de la Suprema Corte de Justicia de la Nación trae como beneficio la reducción de los juicios de Amparo por inconstitucionalidad de una norma, sea del ejecutivo o del legislativo.[119]

Respecto a la época de gobierno del dictador Porfirio Díaz, Estrada Michel señala: "*No deja de doler la dura descripción vasconcé-*

---

118 Cfr. ESTRADA Sámano Rafael. La influencia de la escuela libre de derecho en el desarrollo del derecho constitucional mexicano. En ESTRADA Sámano Rafael y Estrada Michel Rafael. 1857, Rabasa y otros ensayos de historia y control constitucional. Editorial Porrúa, México 2011. p. 13.

119 VAZQUEZ Flota Ignacio. Op. Cit. Pp. 27, 61, 69 y 70.

lica en el Ulises Criollo: el ministro Justo Sierra, tras dictar cátedra universitaria en la que hacía apología de las libertades atenienses, recorría el camino hacia la Suprema Corte para ir a firmar, con resignación, las sentencias del dictador".[120]

Concluimos señalando que dicha constitución de 1857 establecía en su artículo 40 la república representativa, democrática y federal, el 50 la división de poderes en legislativo, ejecutivo y judicial, el artículo 85 fracción primera la facultad reglamentaria del presidente, el 101 y 102 la competencia del poder judicial para resolver en materia de Amparo y el 127 la supremacía constitucional.

El texto era el siguiente y se puede apreciar su gran similitud con la constitución actual, muy en especial con su texto correspondiente a la fecha de su promulgación (se transcribe literalmente de la fuente):

> Artículo 40. Es voluntad del pueblo mexicano constituirse en una república representativa, democrática federal, compuesta de Estados libres y soberanos en todo lo concerniente á su régimen interior; pero unidos en una federación establecida según los principios de esta ley fundamental.
>
> Artículo 50. El Supremo poder de la federación se divide para su ejercicio en legislativo, ejecutivo y judicial. Nunca podrán reunirse dos o más de estos poderes en una persona ó corporación, ni depositarse el legislativo en un individuo.
>
> Artículo 85. Las facultades y obligaciones del presidente, son las siguientes:
>
> I. Promulgar y ejecutar las leyes que expida el congreso de la Unión, proveyendo en la esfera administrativa á su exacta observancia.

---

120 ESTRADA Michel Rafael. La identidad del poder judicial durante la segunda mitad del siglo XIX. Polémicas en torno a la naturaleza y los alcances de la función jurisdiccional, inventora de las naciones. En la obra: 1857, Rabasa y otros ensayos de historia y control constitucional. México. 2011. Editorial Porrúa. p. 137.

Artículo 101. Los tribunales de la federación resolverán toda controversia que se suscite:

I. Por leyes ó actos de cualquiera autoridad que violen las garantías individuales.

II. Por leyes ó actos de la autoridad federal que vulneren ó restrinjan la soberanía de los Estados.

III. Por leyes ó actos de las autoridades de estos, que invadan la esfera de la autoridad federal.

Artículo 102. Todos los juicios de que habla el artículo anterior se seguirán, á petición de parte agraviada, por medio de procedimientos y formas del orden jurídico, que determinará una ley. La sentencia será siempre tal, que solo se ocupe de individuos particulares, limitándose á protegerlos y ampararlos en el caso especial sobre que verse el proceso, sin hacer ninguna declaración general respecto de la ley ó acto que la motivare.

Artículo 126. Esta Constitución, las leyes del Congreso de la Unión que emanen de ella y todos los tratados hechos ó que se hicieren por el Presidente de la República, con aprobación del Congreso, serán la ley suprema de toda la Unión. Los jueces de cada Estado se arreglarán á dicha Constitución, leyes y tratados, á pesar de las disposiciones en contrario que pueda haber en las constituciones ó leyes de los Estados.[121]

Resulta importante hacer notar que en esta constitución se regresó al sistema de congreso unicameral conforme a sus artículos 51 a 64, apartándose por el momento del sistema bicameral estadounidense, pero se mantuvo el sistema indirecto de elecciones que tiene dicho país.

---

[121] TENA Ramírez Felipe. Leyes fundamentales de México 1808-2017. México. 2017. pp. 613, 614, 621, 623, 624 y 627. (Transcripción literal).

1.4.5 La Constitución de 1917 que reforma la de 1857.

"*...Si el general Díaz, deseando burlar el voto popular, permite el fraude y quiere apoyar ese fraude con la fuerza, entonces, señores, estoy convencido que la fuerza será repelida por la fuerza, por el pueblo resuelto ya a hacer respetar su soberanía y ansioso de ser gobernado por la ley...* "[122], Madero durante su campaña.

El gobierno de Porfirio Díaz inicia en 1877 al principiar su mandato presidencial después de haber derrotado a los lerdistas e iglesistas, es decir otro presidente que proviene de las armas, de ese año hasta 1911 solamente durante cuatro no gobierna a México, es decir que lo hizo durante treinta años. En ese año, al haber estallado la Revolución abandona el poder y sale rumbo al exilio. Al igual que Juárez, es nativo de Oaxaca, siendo menor de edad que este, optó por la carrera de las armas y llegó al grado de general, participó en tres ocasiones en la carrera por la presidencia siendo previamente derrotado por Juárez y Lerdo de Tejada, desconoció ambas elecciones y se levantó en armas, la primera en 1871 con el Plan de la Noria y la segunda en 1876 con el Plan de Tuxtepec, permitiéndonos hacer la anotación personal que las primeras elecciones impugnadas de ilegalidad fueron precisamente en las que Juárez conservó el poder, siempre rechazó el excesivo poder del presidente de la república frente a los otros poderes y a los gobiernos estatales y desde luego se opuso a la reelección.

Sobra decir que inicialmente contó con el apoyo de muchos sectores: militares desplazados por Juárez, caciques y líderes locales, pueblos y campesinos que defendían su autonomía, grupos urbanos, personas alegres de terminar las guerras que habían azotado al país por más de cincuenta años, etcétera. En su primer período promovió la reforma constitucional que prohibía la ree-

---

[122] MARTÍN Moreno Francisco. México negro. México. 2003. Editorial Joaquín Mortiz, S.A. de C.V. p. 44.

lección inmediata, entregó el poder en 1880 a Manuel González nuevo presidente electo y en 1884 retomó dicho poder al ganar las elecciones para el período 1884-1888, sin embargo volvió a reformar la constitución permitiendo la reelección inmediata y finalmente toda restricción de reelección fue eliminada en 1890; amplió en 1903 el período presidencial a los actuales seis años y por lo tanto ante sus triunfos electorales continuaría gobernando hasta 1910; Díaz realiza una cierta reconciliación nacional, es decir con diversos sectores como el militar al tener en su equipo a porfiristas, lerdistas, juaristas e imperialistas, si bien no devuelve bienes y privilegios legalmente al clero, se hace de la vista gorda en cuanto a la aplicación de las leyes como el caso de la celebración de la virgen de Guadalupe y demás actos tendientes a ganarse a la gente en general. Obtuvo reconocimiento internacional al restablecer las relaciones diplomáticas con Francia, Alemania, Inglaterra y Bélgica que se rompieron por la moratoria decretada por Juárez. Pero empezó a usar la represión hacia aquellos con los que no pudo lograr la conciliación o negociación, por ejemplo, en 1879 se fusilaron nueve rebeldes lerdistas en Veracruz, de ahí surge el tema del telegrama que ordenaba "mátenlos en caliente"; asaltantes de caminos y bandoleros como Jesús Arriaga (Chucho el Roto) y Heraclio Bernal (El Rayo de Sinaloa) fueron capturados y asesinados con la "ley fuga".[123]

La legalidad cayó en desuso, intervenía en el nombramiento de gobernadores, manipulaba las elecciones de diputados, senadores y magistrados convirtiendo las elecciones en una farsa, desiertas y rellenas de papeletas que no correspondían a los votantes, empezaron a clausurar conventos no autorizados y en general el régimen se convirtió en una simple apariencia de legalidad. Si bien tenía proyectos en materia de impulsar programas de salud y de educación, cometió grandes atropellos, pac-

---

[123] Cfr. SPECKMAN Guerra Eliza. El porfiriato. En la obra: Nueva historia mínima de México ilustrada. Secretaría de Educación. México 2008. pp. 337-348.

tando con los inversionistas y empresarios, desconociendo en consecuencia las demandas obreras. Los detonantes de su caída fueron recrudecer la represión por las protestas sociales que se hacían mediante manifestaciones callejeras, ataques a edificios públicos, saqueos, huelgas obreras y rebeliones agrarias. En ese uso de la fuerza para reprimir cientos de hombres, mujeres y niños yaquis fueron deportados a campos de trabajo de Oaxaca y Yucatán, sin olvidar la matanza minera en Cananea y de obreros en Río Blanco.[124]

Si bien es cierto las finanzas y en general la economía era buena, con ferrocarriles, buen comercio, política de subsidios a la industria, gravámenes a productos extranjeros, puertos, etcétera, y su debilidad por su avanzada edad, la revolución era inminente, máxime que el país nunca estuvo completamente en paz.

Podemos señalar que la revolución inicia con un grupo de profesionistas, periodistas, maestros y estudiantes en 1900, quienes se quejaban de que el gobierno se había alejado de los principios liberales, entre los iniciadores destacan Jesús y Ricardo Flores Magón, creando el Partido Liberal, después viene Francisco Ignacio Madero quien crea el Partido Nacional Antirreeleccionista a principios de 1910, siendo sus candidatos para las elecciones presidenciales Madero y Francisco Vázquez Gómez, aprehendidos durante una gira y encarcelados mientras se celebraban las elecciones, Díaz y Ramón Coral fueron declarados vencedores, al ser excarcelados huyen a Estados Unidos y redactan el Plan fechado en San Luis Potosí en el que convoca a la lucha armada, su llamado a las armas no tuvo éxito, mientras tanto mataron a los hermanos Serdán en la ciudad de Puebla y esto tuvo eco en Chihuahua y las entidades vecinas, Sonora, Durango y Coahuila. El perfil de los alzados era distinto al del pacifista Madero y aunque inicialmente eran grupos desorganizados, en febrero de 1911 Madero regresó al país para asumir el liderazgo de la lucha;

---

124 Cfr. SPECKMAN Guerra Eliza. Ibidem. pp. 348-357.

además, Madero cuenta con la simpatía de Estados Unidos, lo que bien pudo ayudar al rápido inicio de negociaciones. ante la cruenta situación por existir muchos grupos en guerra, en mayo de 1911 se acepta la renuncia de Díaz y triunfa la revolución.[125]

Derrocado Díaz el país seguiría varios años de cruentas guerras y en especial asesinatos, somos un país en el cual dependiendo del resultado se puede ser héroe nacional o villano innombrable, asesino o víctima, también se puede ser primero héroe y después villano y viceversa.

Retomando el tema jurídico encontramos que el "Programa del Partido Liberal Mexicano" establecía diversas propuestas de reformas constitucionales destacando las siguientes: 1. Reducción del período presidencial para que este regrese a ser de cuatro años. 2. Supresión de la reelección del presidente y gobernadores, hasta después de transcurridos dos períodos de su conclusión de encargo. 6. Abolición de la pena de muerte. 17. Los templos se considerarían negocios mercantiles. 21. Jornada máxima de trabajo de ocho horas. 22. Reglamentación del servicio doméstico y del trabajo a domicilio. 24. La prohibición del trabajo de menores (14 años). 25- Seguridad e higiene en el trabajo. 34. Productividad necesaria de las tierras. 37. Creación del Banco Agrícola. 41. Simplificación del juicio de amparo. [126] Como puede observarse, varias de dichas propuestas se establecieron en la constitución y algunas perduran e incluso han sido mejoradas.

Por su parte, el Plan de San Luis de Madero obviamente desconocía las elecciones y la victoria de Díaz (puntos 1 y 2), promovía la no reelección (punto 4), se declaraba presidente

---

125 Cfr. GARCIADIEGO Javier. Críticos, oposicionistas y precursores: En la obra: Nueva historia mínima de México ilustrada. Secretaría de Educación. México 2008. pp. 394-407.

126 Cfr. TENA Ramírez Felipe. Op. Cit. Leyes Fundamentales de México 1808-2017. pp. 728-732.

provisional (punto 5), y algo muy importante establecía el 20 de noviembre a las seis de la tarde para tomar las armas en contra del gobierno (punto 7).[127]

Con lo anterior podemos encontrar que si bien no se declara presidente legítimo, si asume la presidencia conforme a dicho Plan de San Luis, además, establece la fecha que hasta el día de hoy se usa para festejar la Revolución Mexicana, que en nuestra opinión, al igual que el de independencia (16 de septiembre), debe celebrarse el día que se logra, no el de su inicio que además no necesariamente es con el fin con aquel que terminan.

Desde el último presidente de México del siglo XIX a principios del siglo XX, México como en otras ocasiones tuvo varios presidentes siendo estos Porfirio Díaz de 1884 a 1911, Francisco León de la Barra en 1911, Francisco Madero 1911 a 1913, Pedro Lascuaráin Paredes en 1913, Victoriano Huerta Ortega 1913 a 1914, Francisco Carvajal en 1914, Eulalio Gutiérrez en el mismo año 1914, Venustiano Carranza en 1914 a 1915, Roque González Garza en 1915, Francisco Lagos Cházaro en 1915 y finalmente el abogado Venustiano Carranza primer presidente bajo la actual Constitución, quien gobernó de 1917 a 1920, aunque Adolfo Huerta estuvo en 1920 debido al asesinato de Carranza y finalmente Álvaro Obregón quien había sido el brazo militar de Carranza fue el primer presidente que concluyó su mandato de 1920 a 1924.[128]

La nueva constitución fue publicada en el Diario Oficial, Órgano del Gobierno Provisional de la República Mexicana el lunes 5 de febrero de 1917 por el primer Jefe del Ejército Constitucio-

---

[127] Cfr. TENA Ramírez Felipe. Op. Cit. Leyes fundamentales de México 1808-2017. pp. 735-737.

[128] Cfr.https://www.biografiasyvidas.com/biografia/o/obregon_alvaro.htm https://www.biografiasyvidas.com/biografia/c/carranza.htm y https://www.mexicodesconocido.com.mx/presidentes-de-mexico.html consulta 9 de abril de 2020 a las 20:25 horas.

nalista y encargado del Poder Ejecutivo de la Nación Venustiano Carranza. Su texto señala que reforma la Constitución de 1857 (en todas sus partes), esto asumimos que se hizo con la finalidad de evitar ser llevados a juicio por atentar contra la Constitución del 57, ya que no se desconoció la misma, simplemente se hicieron reformas.

Su texto era breve, el Diario oficial constaba solamente de trece páginas, 136 artículos y los relativos a la división de poderes, facultad reglamentaria y supremacía constitucional y defensa de la constitución señalaban:

> Art. 49.- El Supremo Poder de la Federación se divide, para su ejercicio, en Legislativo, Ejecutivo y Judicial.
>
> No podrán reunirse dos o más de estos poderes en una sola persona o corporación, ni depositarse el Legislativo en un individuo, salvo el caso de facultades extraordinarias al Ejecutivo de la Unión, conforme a lo dispuesto en el artículo 29.
>
> Art. 89 Las facultades y obligaciones del Presidente son las siguientes:
>
> I.- Promulgar y ejecutar las leyes que expida el Congreso de la Unión, proveyendo en la esfera administrativa a su exacta observancia.
>
> Art. 103.- Los Tribunales de la Federación resolverán toda controversia que se suscite:
>
> I.- Por leyes o actos de la autoridad que viole las garantías individuales.
>
> II.- Por leyes o actos de la autoridad federal que vulneren o restrinjan la soberanía de los Estados.
>
> III.- Por leyes o actos de las autoridades de éstos que invadan la esfera de la autoridad federal.

> Art. 133.- Esta Constitución, las Leyes del Congreso de la Unión que emanen de ellas, y todos los tratados hechos y que se hicieren por el Presidente de la República, con aprobación del Congreso, serán la ley suprema de toda la Unión. Los jueces de cada Estado se arreglarán a dicha Constitución, Leyes y Tratados, a pesar de las disposiciones en contrario que pueda haber en las constituciones o leyes de los Estados.[129]

Como puede observarse, existe división de poderes, supremacía constitucional, medios de defensa de la constitución y la facultad reglamentaria del presidente, el análisis correspondiente se hará más adelante.

---

[129] Diario Oficial, 5 de febrero de 1917. Órgano del Gobierno Provisional de la República Mexicana.

Capítulo segundo

LA FACULTAD REGLAMENTARIA

2.1 ¿Que se entiende por facultad reglamentaria?

Como ya se ha expresado, para llegar a la facultad reglamentaria primero debe existir la constitución y su correspondiente división de poderes (y funciones como nos señala César Nava Vázquez) para poder analizar dicha facultad reglamentaria. Respecto de la división de poderes nos atrevemos a parafrasear a Immanuel Kant cuando habla del espacio y expresamos: "No puede presentarse más que un solo poder y cuando se habla de muchos, se entiende sólo en ellos las partes de un mismo y único poder".[130]

Schuster afirma que el reglamento es el ejercicio de la facultad reglamentaria del gobierno creando una norma que es fuente de derecho, general y abstracta a la par de la ley, promulgado por decreto u ordenanza del jefe de Estado o el correspondiente órgano del poder ejecutivo, dicha facultad no necesariamente constituye la ejecución de una ley o regulación de la misma.[131] Como observaremos en el presente documento, en el caso mexicano existen reglamentos o facultad reglamentaria que no deriva de la ley, deriva directamente de la constitución como lo es en el caso de los municipios por conducto de sus ayuntamientos.

---

130 Cfr. KANT Immanuel. Crítica de la razón pura. México 2017. Primera edición 2017, Editorial Colofón para Ediciones Ganghi. Traductor Manuel García Morente. p. 150.

131 Cfr. SCHUSTER A. En la obra: Glosario de derecho público comparado. Coordinador. Lucio Pegoraro. México 2012. Editorial Porrúa. pp. 357-358.

Silvia Bagni considera que en un sentido técnico jurídico la ley es el acto típico del ejercicio de la función legislativa por parte del parlamento,[132] a lo que agregamos Congreso de la Unión o sus correspondientes cámaras cuando estén facultadas para legislar sin necesidad de la otra en especial en el caso de México y es precisamente sobre dicha ley que debe ejercerse la facultad reglamentaria con las limitaciones correspondientes.

A su vez Manlio Fabio Casarín León, considera que el reglamento se encuentra subordinado a la ley y que este es el conjunto de normas que facilitan la ejecución y observancia de las leyes expedidas por el órgano legislativo, que desarrollan los principios de aquellas y completan en detalle los supuestos que las mismas establecen.[133]

Elisur Arteaga nos dice que la facultad reglamentaria es una facultad a que ha sido confiada a diversos poderes y autoridades como es el caso de los ayuntamientos y no necesariamente compete a la autoridad ejecutiva llámese Presidente de la República, Jefe de Gobierno o Gobernadores, ello en virtud de que tanto la constitución como las leyes facultan el ejercicio de dicha facultad reglamentaria al Congreso de la Unión, la Suprema Corte de Justicia de la Nación, el Consejo de la Judicatura Federal, las Legislaturas de los Estados, el Pleno del Tribunal Superior de Justicia de los Estados y como se ha dicho los Municipios. [134] En

---

132 Cfr. BAGNI Silvia. Citada y traducida por Ferrer Mac-Gregor, Eduardo. Diccionario de derecho procesal constitucional y convencional, Tomo II, Primera Edición, México 2014, Poder Judicial de la Federación, Consejo de la Judicatura Federal, Universidad Nacional Autónoma de México, Instituto de Investigaciones Jurídicas. pág. 875.

133 Cfr. CASARÍN León Manlio Fabio. En la obra: Ferrer Mac-Gregor, Eduardo. Diccionario de derecho procesal constitucional y convencional, Tomo II, Primera Edición, México 2014, Poder Judicial de la Federación, Consejo de la Judicatura Federal, Universidad Nacional Autónoma de México, Instituto de Investigaciones Jurídicas. Pág. 1119.

134 Cfr. ARTEAGA Nava Elisur. Derecho constitucional. México 2015. Editorial Oxford. P. 897.

sentido similar se pronuncia César Nava cuando se refiere en términos amplios a la función administrativa del Estado mexicano al referirse además a los órganos constitucionales como los son la Comisión Nacional de Derechos Humanos, el Banco de México, el Instituto Federal Electoral y el Instituto Nacional de Estadística y Geografía, aunque estrictamente estos realizan actos administrativos, más no reglamentarios.[135]

No debe pasarse por alto que Elisur Arteaga señala que la facultad reglamentaria la tiene el congreso respecto de la constitución general (al expedir leyes), el presidente al expedir reglamentos y en el ámbito estatal se manifiesta al expedir estos sus constituciones y leyes, los reglamentos de los gobernadores y en el municipal los bandos de policía y buen gobierno, sin embargo, en el caso nos avocaremos a analizar lo relativo estrictamente a la facultad reglamentaria del poder ejecutivo y muy en especial del federal, en el sentido de que la facultad reglamentaria que le corresponde al presidente de la república sólo se ejerce en relación con leyes cuya aplicación tiene encomendada y que en específico carece de facultades para reglamentar códigos como los de procedimientos civiles y penales y las leyes orgánicas de los otros poderes, para efectos del presente estudio resulta importante resaltar la afirmación de dicho autor, quien al definir los reglamentos señala que son un conjunto de normas, reglas, ordenadas sistemáticamente, de naturaleza administrativa, secundaria, accesoria, obligatoria y de vigencia permanente. Así también expresa que salvo los casos previstos por los artículos 29 y 131 el congreso no puede delegar al presidente de la república su facultad de legislar.[136]

Por su parte Moreno Collado expresa que la supremacía jurídica de la Constitución se asienta en que es el primer fundamento del orden jurídico y del Estado, como consecuencia de

---

135 Cfr. NAVA Vázquez César. Op. Cit. Pp. 49-65.

136 Cfr. ARTEAGA Nava Elisur. Op. Cit. pp. 138 y 899-903.

ello una ley será válida y un reglamento vinculante si estos son expedidos conforme a lo dispuesto en la Constitución ya que esta es la *norma normarum* y que (como expresó Fix Zamudio), dicha supremacía constitucional se opone a que el órgano investido de una competencia determinada delegue su ejercicio en otra ya que los gobernantes no tienen un derecho propio sobre la función que ejercen, siendo desde luego todo esto aplicable en los casos de constituciones rígidas y en especial a la división entre leyes constitucionales y leyes ordinarias.[137]

A lo largo de su obra Fernández Ruíz coincide con diversos autores respecto de la facilidad reglamentaria por ser unipersonal el *Supremo* Poder Ejecutivo y al hablar del parlamentarismo y régimen presidencial expresa que tanto en la monarquía como en la república, el parlamentarismo hace una clara distinción entre el Estado y su gobierno, es decir, tiene un jefe de Estado y un jefe de gobierno, en el parlamentarismo monárquico el primero es el rey y en el republicano es el presidente, por su parte, el jefe de gobierno en el sistema parlamentario recibe el nombre de primer ministro en Inglaterra, Italia y Suecia, en Alemania canciller y en España presidente de gobierno y que el Poder Ejecutivo en la forma parlamentaria es colegiado a cargo de un gabinete independiente del jefe de Estado, mientras que en el sistema presidencial no existe disociación entre el jefe de Estado y el Jefe de Gobierno, ya que el presidente de la república tiene ambas figuras a la vez, además de ser jefe de la administración pública y jefe supremo de las fuerzas armadas, puntualizando que conforme al texto original del artículo 92 constitucional todos los reglamentos, decretos y órdenes del presidente deberían estar firmados por el secretario del Despacho encargado del asunto que correspondiera y sin tal requisito no serían obedecidos.[138]

---

137 Cfr. MORENO Collado Jorge. Teoría Constitucional y procesos políticos fundamentales. México 2014. Editorial Porrúa. pp. 56-58.

138 Cfr. FERNÁNDEZ Ruiz Jorge. Poder ejecutivo. México. 2008. Editorial Porrúa. pp. 212, 213, 230, 231, 346 y 376-380.

Atendiendo a estos autores podemos decir que cuando se faculta al ejecutivo federal a reglamentar no se le está facultando para legislar ya que son cuestiones distintas, situación que se analizará más adelante.

2.2 La constitucionalidad de la facultad reglamentaria.

La división del poder del Estado en tres y que son el Ejecutivo, el Legislativo y el Judicial y desde luego el principio de supremacía constitucional, existe incluso desde la Constitución de los Estados Unidos de 1787. En particular de estos tres poderes sabemos que cada uno tiene una facultad principal que son en el caso de México las del ejecutivo en términos generales consisten en promulgar y ejecutar las leyes que expida el Congreso de la Unión, expedir reglamentos, hacer diversos nombramientos, dirigir la política exterior del país, celebrar tratados internacionales y el uso de la fuerza pública entre otros, esto conforme al artículo 89 de la Constitución Política de los Estados Unidos Mexicanos, al respecto Eduardo Andrade Sánchez menciona que la función ejecutiva tiene como propósito fundamental aplicar la ley y que sus complejas funciones necesitan múltiples regulaciones que desarrollen los principios establecidos en las leyes, las normas reglamentarias,[139] por cuanto hace al legislativo encontramos que conforme al artículo 73 constitucional que sus facultades las siguientes: para admitir nuevos miembros a la federación, formar estados, expedir leyes, declarar la guerra, aceptar la renuncia del presidente, y finalmente el poder judicial conforme a los artículos 103, 104 y 105 tiene como facultad principal la de juzgar y en específico la Suprema Corte de Justicia de la Nación será el órgano superior que resuelva sobre la constitucionalidad o inconstitucionalidad de las leyes por medio de la Acción de Inconstitucionalidad y la Controversia Constitucional previstas en

---

[139] Cfr. ANDRADE Sánchez, Eduardo. Op. Cit. Pp. 235 y 236.

el artículo 105 ya citado, pudiendo además atraer los Amparos que considere de trascendencia.

Esta división de poderes no es absoluta, ya que tal y como puede apreciarse en los artículos de la Constitución Política de los Estados Unidos Mexicanos expresados previamente, el poder ejecutivo tiene ciertas facultades que corresponden a los otros dos poderes como es el caso específico de expedir reglamentos que es motivo del presente trabajo, pero se ha extralimitado en algunas ocasiones al emitir normas que más que reglamentar lo previsto en la ley se encuentra legislando al otorgar derechos y obligaciones en las normas que crea bajo la figura de "reglamento", invadir facultades de otro poder o incluso crear figuras jurídicas como en el caso del Reglamento del Recurso de Inconformidad del Instituto Mexicano del Seguro Social.

La facultad reglamentaria como ya se ha mencionado, está prevista (aunque no con claridad) en la fracción primera del artículo 89 constitucional como la potestad del Presidente de la República de proveer en la esfera administrativa a la observancia de la ley y que tanto la jurisprudencia como la doctrina han concluido que es precisamente esa posibilidad de crear reglamentos, los cuales son un medio necesario para facilitar en la esfera administrativa el cumplimiento y exacta aplicación de la ley, sin que sea necesario que el legislador ordinario al crear o modificar una ley le faculte para emitir determinado reglamento respecto de la misma o de alguno de sus artículos, ello en virtud de que dicha facultad reglamentaria tiene su origen y fundamento precisamente en la Constitución acorde a la interpretación que ha dado la Corte, lo que hace innecesario la referencia o habilitación del legislador ordinario, por lo que podemos anticipar con las reservas correspondientes que no necesita ser expresamente autorizado a reglamentar determinada ley.

Por razones prácticas (con independencia de lo que señala la Constitución, la jurisprudencia y la doctrina) es necesaria la existencia de esta facultad reglamentaria dada la imposibilidad de que el órgano legislativo pueda prever todas las contingencias que la autoridad deba enfrentar al aplicar la ley, ello además de que al ser el Poder Legislativo autónomo e independiente del Ejecutivo (al menos en el papel) el proceso legislativo es mucho más largo. Es importante señalar que conforme al artículo 71 de la Constitución Política de los Estados Unidos Mexicanos, el Presidente puede presentar al Poder Legislativo las denominadas "iniciativas preferentes", es decir de asuntos que resulten primordiales o importantes a criterio del Presidente y que deban estar en una ley y no en un reglamento.

Roberto Ávila Ornelas nos señala que en principio, conforme al último párrafo del artículo citado las iniciativas preferentes no pueden referirse a reformas constitucionales.[140]

Dicho texto constitucional expresa en sus dos últimos párrafos:

> El día de la apertura de cada periodo ordinario de sesiones el Presidente de la República podrá presentar hasta dos iniciativas para trámite preferente, o señalar con tal carácter hasta dos que hubiere presentado en periodos anteriores, cuando estén pendientes de dictamen. Cada iniciativa deberá ser discutida y votada por el Pleno de la Cámara de su origen en un plazo máximo de treinta días naturales. Si no fuere así, la iniciativa, en sus términos y sin mayor trámite, será el primer asunto que deberá ser discutido y votado en la siguiente sesión del Pleno. En caso de ser aprobado o modificado por la Cámara de su origen, el respectivo proyecto de ley o decreto pasará de inmediato a la Cámara revisora, la cual deberá discutirlo y votarlo en el mismo plazo y bajo las condiciones antes señaladas.
>
> No podrán tener carácter preferente las iniciativas de adición o reforma a esta Constitución.

140 MARQUEZ Rábago Sergio, Coordinador. Constitución Política de los Estados Unidos Mexicanos, comentada y con jurisprudencia. Segunda Edición, agosto de 2017. México. Porrúa Print. p. 270

No obstante, lo anterior, no debe pasarse por alto y es precisamente el motivo de este trabajo, la Constitución confiere única y exclusivamente al Presidente de la República (o al Poder Ejecutivo como se verá) facultades para completar a través de normas generales lo previsto por la ley, sin que pueda contradecir lo establecido en la misma o "reglamentar" sobre materias delegadas exclusivamente al poder legislativo.

La Segunda Sala de la Suprema Corte de Justicia de la Nación ha emitido diversas Jurisprudencias relativas a dicha facultad reglamentaria, de las cuales tomamos la Correspondiente a la Séptima Época y emitida en 1973 en la cual dicha Sala sostiene que la fracción I del artículo 89 constitucional otorga tres facultades a saber: a) La de promulgar las leyes que expida el Congreso de la Unión; b) La de ejecutar dichas leyes; y c) La de proveer en la esfera administrativa a su exacta observancia, y afirma dicha Jurisprudencia: "o sea la facultad reglamentaria" que señala:

> REGLAMENTOS ADMINISTRATIVOS. FACULTAD DEL PRESIDENTE DE LA REPUBLICA PARA EXPEDIRLOS. SU NATURALEZA. El artículo 89, fracción I, de nuestra Carta Magna, confiere al presidente de la República tres facultades: a) La de promulgar las leyes que expida el Congreso de la Unión; b) La de ejecutar dichas leyes; y c) La de proveer en la esfera administrativa a su exacta observancia, o sea la facultad reglamentaria. Esta última facultad es la que determina que el Ejecutivo pueda expedir disposiciones generales y abstractas que tienen por objeto la ejecución de la ley, desarrollando y complementando en detalle las normas contenidas en los ordenamientos jurídicos expedidos por el Congreso de la Unión. El reglamento es un acto formalmente administrativo y materialmente legislativo; participa de los atributos de la ley, aunque sólo en cuanto ambos ordenamientos son de naturaleza impersonal, general y abstracta. Dos características separan la ley del reglamento en sentido estricto: este último emana del Ejecutivo, a quien incumbe proveer en la esfera administrativa a la exacta observancia de la ley, y es una norma subalterna que tiene su medida y justificación en la ley. Pero aun en lo que aparece común en los dos ordenamientos, que es su carácter general y abstracto, sepáranse por la finalidad que en el área del reglamento se imprime a dicha característica, ya que el regla-

> mento determina de modo general y abstracto los medios que deberán emplearse para aplicar la ley a los casos concretos.[141]

El artículo 89 Constitucional establece en su fracción I: Artículo 89. Las facultades y obligaciones del Presidente, son las siguientes:

> I. Promulgar y ejecutar las leyes que expida el Congreso de la Unión, proveyendo en la esfera administrativa a su exacta observancia.

Dicha palabra "proveyendo" ha sido interpretada como la facultad de emitir reglamentos y en general normas generales que reglamenten a las leyes.

La Corte se ha pronunciado en diversas Tesis y Jurisprudencias respecto a la facultad reglamentaria, permitiéndonos destacar la Tesis Aislada dictada por la Segunda Sala en la Quinta Época, en el año 1935 en los autos del Amparo administrativo en revisión 58/33 y que expresa literalmente:

> "LEYES Y REGLAMENTOS, DIFERENCIA ENTRE LOS. El carácter propio de la ley, aunque no reside en su generalidad ni en la impersonalidad de las órdenes que da, ya que ese carácter puede tenerlo también los reglamentos, sí consiste en el hecho de que la ley es una expresión de la voluntad nacional, manifestada mediante los Congresos, lo que no puede decirse de un reglamento, que es la expresión de la voluntad de los administradores o de los órganos del poder administrativo. Los reglamentos deben estar sujetos a una ley cuyos preceptos no pueden modificar; así como las leyes deben circunscribirse a la esfera que la Constitución les señala, la misma relación debe guardar el reglamento en relación con la ley respectiva, según nuestro régimen constitucional. Algún tratadista dice: que la ley es una regla general escrita, a consecuencia de una operación de procedimiento, que hace intervenir a los representantes de la nación, que declara obligatorias las relaciones sociales que derivan de la naturaleza de las cosas, interpretándolas desde el punto de vista de la libertad; el

---

141 Semanario Judicial de la Federación. Registro: 238609.

reglamento es una manifestación de voluntad, bajo la forma de regla general, emitida por una autoridad que tiene el poder reglamentario y que tiende a la organización y a la policía del Estado, con un espíritu a la vez constructivo y autoritario; (hasta aquí el tratadista). Cuando mucho, se podrá admitir que el reglamento, desde el punto de vista material, es un acto legislativo, pero nunca puede serlo bajo el aspecto formal, ni contener materias que están reservadas a la ley, o sea actos que puedan emanar de la facultad que corresponde al poder legislativo, porque desaparecería el régimen constitucional de separación de funciones. La ley tiene cierta preferencia, que consiste en que sus disposiciones no pueden ser modificadas por un reglamento. Este principio es reconocido en el inciso "f" del artículo 72 de la Constitución, que previene que en la interpretación, reforma o derogación de las leyes o decretos, se observaran los mismos trámites establecidos para su formación. Conforme a la misma Constitución, hay materias que solo pueden ser reguladas por una ley. La reglamentación de las garantías individuales sólo puede hacerse, salvo casos excepcionales, por medio de una ley, en sentido formal; del mismo modo que se necesita una ley para imponer contribuciones y penas para organizar la guardia nacional, etcétera. De modo que si bien existen algunas relaciones entre el reglamento y la ley, no pueden tener ambos el mismo alcance, ni por razón del órgano que los expide, ni por razón de la materia que consignan, ni por la fuerza y autonomía que en sí tienen, ya que el reglamento tiene que estar necesariamente subordinado a la ley, de lo cual depende su validez, no pudiendo derogar, modificar, ampliar y restringir el contenido de la misma, ya que sólo tiene por objeto proveer a la exacta observancia las leyes que expide el Congreso de la Unión, de donde se deduce que si el artículo 4o. constitucional exige una ley previa para que se restrinja la libertad de comercio y trabajo y la ley que establece la restricción no es más que un reglamento, como los artículos constitucionales no pueden ser reglamentados sino por una ley, está fuera de duda que la reglamentación administrativa está en pugna con la Constitución, pues el artículo 89, fracción I, de la Constitución vigente, sólo establece la facultad reglamentaria por lo que hace a las leyes expedidas por el Congreso de la Unión, y el mismo espíritu imperó en todas las Constituciones anteriores".[142]

[142] Semanario Judicial de la Federación. Registro 326948.

De la anterior transcripción nos permitimos destacar que dicho pensamiento de 1935 refiere que la ley es hecha desde un punto de vista de libertad, en tanto que el reglamento es emitido por una autoridad que tiende a la organización de la policía del Estado con un espíritu constructivo y autoritario; muy en especial es de hacer notar que expresa que no puede derogar, modificar, ampliar o restringir el contenido de la ley. En razón de lo anterior nos permitimos adelantar que la facultad reglamentaria no permite crear derechos y obligaciones.

Gabino Fraga, el gran maestro del mexicano del Derecho Administrativo aparece como ponente en la ejecutoria del Amparo en revisión 9722/42, González Salinas Félix y co-agraviados del 10 de febrero de 1943 (sin olvidar que existe resolución previa en el caso: Amparo administrativo en revisión 5813/42. Villaseca Bautista. 4 de febrero de 1943, pero en este no se cita al ponente). Con tres precedentes constituye en 1943 un criterio relevante emitido por la Segunda Sala en la Quinta Época en tres casos (Amparo en revisión 9637/42, 9722/42 y 5813/42) todos en febrero del año citado. El criterio de referencia señala:

> "REGLAMENTOS ADMINISTRATIVOS. Si el Ejecutivo dicta una disposición de carácter legislativo, en uso de la facultad que la Constitución le otorga, para proveer, en la esfera administrativa, a la exacta observancia de las leyes, y por medio de ella, crea una obligación de naturaleza general, pero dicha disposición no tiene un carácter autónomo, ya que su finalidad es la de evitar situaciones que condena un precepto constitucional, es decir, es una disposición que tiende a la exacta observancia de una ley expedida por el Poder Legislativo, esto obliga, a considerar tal disposición desde un punto legal doctrinal, como un acto reglamentario, sin que para ello sea óbice el que exista un reglamento sobre la misma materia, porque no hay imposibilidad legal de que respecto de una misma ley, se expidan varios reglamentos simultáneos o sucesivos; pero conforme a nuestro régimen constitucional, sólo tiene facultades para legislar el Poder Legislativo y excepcionalmente el Ejecutivo, en el caso de la facultad reglamentaria, que únicamente puede ser ejercitada por el titular de este poder, sin que en la Constitución exista una disposición que lo autorice para delegar en alguna otra persona o entidad, la referida facultad, pues ni el Poder Legislativo puede autorizar

> tal delegación; por tanto, sostener que la Ley de Secretarías de Estado encarga a la de Economía, la materia de monopolios, y que esa ley, fundada en el artículo 90 de la Constitución, debe entenderse en el sentido de que dicha secretaría goza de cierta libertad y autonomía en esta materia, es desconocer la finalidad de aquélla, que no es otra que la de fijar la competencia genérica de cada secretaría, pero sin que por ello puedan actuar en cada materia, sin ley especial, ni mucho menos que la repetida ley subvierta los principios constitucionales, dando a las secretarías de Estado, facultades que, conforme a la Constitución, sólo corresponden al titular del Poder Ejecutivo. Decir que conforme a los artículos 92, 93 y 108 de la Constitución, los secretarios de Estado tienen facultades ejecutivas y gozan de cierta autonomía en las materias de su ramo y de una gran libertad de acción, con amplitud de criterio, para resolver cada caso concreto, sin someterlo al juicio y voluntad del presidente de la República, es destruir la unidad del poder; es olvidar que dentro del régimen, constitucional, el presidente de la República es el único titular del Ejecutivo, que tiene el uso y el ejercicio de las facultades ejecutivas; es, finalmente, desconocer el alcance que el refrendo tiene, de acuerdo con el artículo 92 constitucional, el cual, de la misma manera que los demás textos relativos no dan a los secretarios de Estado mayores facultades ejecutivas, ni distintas siquiera, de las que al presidente de la República corresponden".[143]

Nos permitimos resaltar de la tesis anterior el criterio sostenido en el sentido de que la facultad reglamentaria solamente puede ser ejercida por el titular del poder ejecutivo, es decir el Presidente de la República y que en la Constitución no existe una disposición que le autorice a delegar tal facultad en otra persona o entidad y que ni el propio legislativo le puede facultar o autorizar tal delegación, esto desde luego conforme al texto constitucional vigente en ese momento.

Así también, en la Séptima Época se emite criterio en el sentido de que la facultad reglamentaria debe ser ejercida directamente por el Presidente y al respecto en 1969 el Segundo Tri-

---

[143] Semanario Judicial de la Federación. Registro: 808007.

bunal Colegiado en Materia Administrativa del Primer Circuito emite la siguiente tesis:

> "REGLAMENTOS. LOS SECRETARIOS DE ESTADO NO PUEDEN EXPEDIRLOS. Siendo la facultad reglamentaria exclusiva del presidente de la República, conforme lo preceptuado por el artículo 89, fracción I, de la Constitución General, a los Secretarios de Estado no les es lícito expedir reglamentos, ni aun por delegación del propio titular del Ejecutivo Federal".[144]

La transcripción de la fracción I permite conocer que también es facultad de Presidente promulgar las leyes que expida el Congreso, esto no debe confundirse con publicar que es el acto de hacer del conocimiento general dicha norma por medio del Diario Oficial de la Federación, para mayor referencia, consideramos prudente resaltar el significado de publicar, promulgar, veto, refrendo y decreto a efecto de facilitar la comprensión del presente trabajo, sin ir a fondo sobre un análisis de estos.

El Presidente y los Gobernadores deben publicar las leyes que expidan los correspondientes Congresos, y muchas veces se confunde con promulgar, siendo dos actos distintos, primero se promulga y después se publica. Algunos definen la promulgación como una facultad otorgada comúnmente al Poder Ejecutivo que ordena la publicación y ejecución de una ley sancionada por el Poder Legislativo.[145]

Tena señala que el acto legislativo concluye cuando la ley emanada del Congreso ya no es objetable, sea por no haberse ejercido el veto o porque habiéndolo presentado el Congreso rechazó las objeciones del Presidente, o por el contrario, modificó conforme a estas y agregamos que también cabe la modificación parcial, por lo que el acto legislativo es definitivo y perfecto, pero para que sea obligatorio es necesaria la actividad del Presidente

---

144 Semanario Judicial de la Federación. Registro: 257271.

145 ROMBOLA Néstor Darío, REBOIRAS Lucio Martín. Diccionario Ruy Díaz de ciencias jurídicas y sociales. Colombia 2005. Editorial Ruy Díaz. P. 772.

mediante la promulgación. Señala que con la promulgación, el Presidente autentifica la existencia y regularidad de la ley, ordena su publicación y manda a sus agentes que la hagan cumplir. Con esto la ley ya es ejecutable e imperativa, pero no obligatoria para la población hasta que se proceda a su publicación para que se pueda exigir su cumplimiento.[146]

Por su parte, Arteaga Nava señala que se ha considerado excesiva la facultad de hacer leyes atribuida al legislativo y que en observancia al principio de división de poderes y para el uso de los pesos y contrapesos adecuado, la facultad de publicarlos se confía al Poder Ejecutivo. Que promulgación y publicación son dos cosas diferentes y que la promulgación es precisamente la sanción como sinónimo de certificar la existencia regular de la ley y que se habían seguido los pasos constitucionales para su elaboración.[147] Publicar una ley o reforma a la misma con la conciencia de que no se siguió el proceso legislativo que corresponde sería como regresar al "Obedézcase, pero no se cumpla".

El veto conforme a ambos autores citados es un acto de colaboración entre el Poder Legislativo y el Ejecutivo, por medio del cual se evita que el primero elabore leyes sin revisión y el segundo le realiza observaciones a las leyes que le remiten para su promulgación y publicación, pudiendo el legislativo hacer caso total o parcialmente a las mismas o ratificar la ley o reformas en los términos que inicialmente se enviaron al ejecutivo y éste estará obligado a promulgarlas y publicarlas sin poder pedir nueva revisión.

Los Secretarios en los términos previstos en cada Constitución ejercen el refrendo que Fernández Ruiz nos indica que ya estaba en el texto original del artículo 92 de la Constitución de 1917 y se refiere a que el Secretario del Despacho encargado del

---

146 TENA Ramírez Felipe. Derecho constitucional mexicano. pp. 461 y 462.

147 ARTEAGA Nava Elisur. Op. Cit. Pp. 374-377.

ramo a que el asunto correspondiera debe firmar todos los reglamentos, órdenes y decretos del Presidente, siendo importante en consecuencia analizar brevemente a que se refiere la palabra decreto, ya que este puede ser emitido por diversos poderes como se verá a continuación.[148] El citado refrendo es una forma de quitar responsabilidad al Ejecutivo, Arteaga Nava señala que surgió en el derecho moderno como una institución en virtud de la cual los actos por escrito de un jefe de estado: rey, emperador, presidente de la república y gobernador, quien es política y jurídicamente irresponsable hace recaer dicha responsabilidad sobre su gabinete al firmar ellos los documentos. Se adoptó tanto de la constitución de Cádiz en su artículo 168, como del Reglamento provisional político del imperio mexicano de 1822 en su artículo 29.[149]

Finalmente, se menciona en las Constituciones a diversas disposiciones entre las que están los reglamentos, acuerdos, órdenes y demás del ejecutivo, así como las leyes del Congreso, pero en ambos casos se menciona la palabra decreto, es decir que ambos hacen decretos, resultando importante saber a qué se refiere ya que el refrendo en muchas ocasiones señala es a los decretos pero sin especificar si son los del Gobernador o del Congreso, ya que lo común es que cuando se promulga una ley o reforma se exprese que el Presidente o Gobernador decreta, pero en realidad no decreta stricto sensu, promulga una ley o reforma hecha por el congreso correspondiente.

Tena Ramírez nos señala que la Constitución centralista de 1836 en su artículo 43 de la Tercera Ley expresaba: "Toda resolución del Congreso general tendrá el carácter de ley o decreto. El primer nombre corresponde a las que versen sobre materias de interés común, dentro de la órbita de atribuciones del Poder Legislativo. El segundo corresponde a las que dentro de la mis-

---

148 Cfr. FERNÁNDEZ Ruiz Jorge. Op. Cit. P. 346.

149 Cfr. ARTEAGA Nava Elisur. Op. Cit. Pp. 482-484.

ma órbita, sean solo relativas a determinados tiempos, lugares, corporaciones, establecimientos o personas".[150]

Si bien, la Constitución vigente en diversos preceptos cita los decretos en analogía con las leyes esto es una falta de técnica legislativa, ya que los decretos y las leyes son actos distintos. Es importante resaltar que como se expondrá a continuación en la Federación y los Estados existe el refrendo de los Secretarios, pero esto debe limitarse únicamente a los decretos del Presidente o Gobernador, ya que pretender que un Secretario pueda frenar una ley del Congreso por no imponer su firma para que sea promulgado y publicado en nuestra opinión es caer en excesos, ya que como se ha visto el refrendo tiene como finalidad relevar o disminuir la responsabilidad del titular del Poder Ejecutivo, sea este Federal o Estatal.

2.3 La facultad reglamentaria en el ámbito estatal.

Elisur Arteaga nos señala que debido al sistema federal coexisten y tienen competencia sobre las mismas personas y el mismo territorio dos fuentes de autoridad, una, la central y otra la local, que la Constitución denomina Estado libre y soberano[151], a lo que nos permitimos agregar como se verá más adelante a los municipios, es decir que pueden coexistir tres competencias sobre las mismas personas y territorio al mismo tiempo.[152]

Al hablar del sistema federal Moreno Collado señala que existen dos tipos de federalismo: el centrípeto y el centrífugo, en el primero ya existían los Estados autónomos y se une para crear un superestado otorgando una Constitución para ello (como es el

---

150 TENA Ramírez Felipe. Derecho constitucional mexicano. p. 248.

151 Cfr. ARTEAGA Nava Elisur. p.557.

152 Vid Supra 2.4

caso de los Estados Unidos de América),[153] en el segundo el Estado nacional ya existe y los Estados miembros nacen al momento del pacto o sincrónicamente (como es el caso mexicano en parte). Consecuentemente, en el primer caso existe un pluralismo territorial y las partes contratantes aportan ese territorio al nuevo Estado Federal y que en el caso de Estados Unidos de América, al institucionalizarse la supremacía constitucional los Estados parte perdieron peso específico en la toma de decisiones; en el caso del federalismo centrífugo, los nuevos Estados se crean muchas veces a partir de la constitución, adquieren territorio y van tomando las atribuciones que les otorga la Constitución.[154]

Por su parte Flores Trejo al hablar del tema señala que en el caso americano el éxito fue en mucho derivado de su lucha para encontrar un derecho propio y que el vecino del norte recogió el concepto: *un estatuto es nulo si es contrario a los principios del derecho natural, y debe ser considerado nulo por los tribunales.* Dicha doctrina se empleó para anular diversas legislaciones coloniales y apuntó al éxito del primer Estado Federal que subsiste hasta la presente fecha. No obstante, al hablar del federalismo mexicano señala que este puede tener dos orígenes: el primero derivado de la Constitución de Cádiz que establecía que en cada provincia debía haber una diputación provincial y la otra que el Constituyente de 1824 puso sus ojos en el vecino y lo tomó como modelo a seguir.[155]

Las constituciones estatales siguiendo los lineamientos de la constitución federal en la misma forma otorgan facultades para reglamentar a sus gobernadores como se verá a continuación. No siendo extraño que al publicarse la Constitución en febrero

---

153 Vid Infra 1.2.1 Estados Unidos.

154 Cfr. MORENO Collado Jorge. Teoría constitucional y procesos políticos fundamentales. Primera edición. México. 2014. Editorial Porrúa. pp. 495-500.

155 Cfr. FLORES Trejo Fernando. Federación como forma de estado. En la obra: Teoría de la Constitución. BARRAGÁN Barragán José. México. 2010. Cuarta edición. Editorial Porrúa. pp. 277-294.

de 1917 muchos Estados inmediatamente hayan iniciado las reformas a sus constituciones y siguiendo el esquema federal hayan creado nuevas constituciones ajustándose al contenido de la norma superior del 5 de febrero de 1917, procederemos a continuación a hacer un breve análisis de las Constituciones vigentes en las Entidades Federativas (no en los Estados porque excluiría a la Ciudad de México), a efecto de ver la forma en la cual regulan la facultad reglamentaria, si esta es limitada expresamente y en su caso si el Congreso que es el que tiene la facultad de legislar lato sensu tiene también la de reglamentar, ya que esta cae dentro de las funciones materialmente legislativas, aunque formalmente puede ser del ejecutivo o del legislativo e incluso del jurisdiccional como ha señalado César Nava al hablar de la división de poderes y funciones; si se señala también en forma expresa esa facultad reglamentaria o se sigue con el anquilosado formato de "proveer" o "proveyendo" y en su caso si señala expresamente el refrendo de los reglamentos que emita el ejecutivo a este nivel.

Independientemente de lo que se menciona a continuación respecto de cada Estado, consideramos que jurídicamente lo mas "sano" es atribuir que cuando se trata del refrendo y se mencionan los decretos del Gobernador o Ejecutivo deben de considerarse los actos propios del mismo y no los relativos a la promulgación o publicación de una ley expedida por el poder legislativo, ya que como se expresa pretender que un Secretario de Gobierno u otro Secretario pueda detener la publicación y consecuentemente entrada en vigor de una ley nos resulta excesivo.

2.3.1 El Estado de Aguascalientes.[156]

La Constitución de Aguascalientes fue publicada los domingos 9, 16 y 23 de septiembre de 1917, es decir en tres etapas el mismo

---

[156] Visible en http://www.ordenjuridico.gob.mx/fichaOrdenamiento.php?idArchivo=18640&ambito=estatal Consulta 05 de junio de 2020 a las 20:05 horas.

año que la constitución del país, establece la facultad reglamentaria del Gobernador, siendo pertinente señalar que ordena en su artículo 27 que la ley que regulará la estructura y funcionamiento interno del Congreso, la del Órgano Superior de Fiscalización del Estado y las normas y procedimientos para la agrupación de diputados no pueden ser vetadas ni necesitan la promulgación del Ejecutivo Estatal para tener vigencia, no se refiere en forma expresa a la facultad de emitir reglamento alguno, señalando su texto:

> Artículo 27.- Son facultades del Congreso:
>
> XXVI.- Expedir la Ley que regulará su estructura y funcionamiento interno, así como la Ley que regule la organización del Órgano Superior de Fiscalización del Estado, las cuales serán aprobadas por las dos terceras partes de sus integrantes.
>
> La Ley determinará las formas y procedimientos para la agrupación de los Diputados, según su afiliación de partido, a efecto de garantizar la libre expresión de las corrientes ideológicas representadas en el Congreso.
>
> Estas Leyes no podrán ser vetadas ni necesitarán de promulgación del Ejecutivo Estatal para tener vigencia.

Por otra parte, de la lectura de su artículo 46 se puede observar que establece entre las facultades y obligaciones del Gobernador las de promulgar y ejecutar las leyes que expida el Congreso del Estado, proveyendo en la esfera administrativa a su exacta observancia, es decir en los mismos términos que en la figura presidencial.

> Artículo 46.- Son facultades y obligaciones del Gobernador:
>
> I.- Promulgar y ejecutar las Leyes que expida el Congreso del Estado, proveyendo en la esfera administrativa a su exacta observancia.

Por otra parte, el artículo 49 establece la figura del refrendo al establecer que todos los despachos del Gobernador deberán ser firmados por el Secretario General de Gobierno. Sobre el particular nos permitimos resaltar que dicho refrendo no lo establece solamente respecto de reglamentos, lo hace en relación a todos los despachos y la firma corresponde únicamente al Secretario General de Gobierno.

> Artículo 49.- Todos los despachos del Gobernador deberán ser firmados por el Secretario General de Gobierno.

2.3.2 El Estado de Baja California.[157]

Su constitución fue publicada el 16 de agosto de 1953 y limita expresamente la facultad reglamentaria al establecer en su artículo 27 fracción XXXVI la facultad del Congreso para expedir la ley y reglamento que regirán su estructura interna, así como los acuerdos correspondientes, con lo anterior deja en claro que ellos elaboran su Reglamento Interior y por la tanto este no requiere ni permite la reglamentación por parte del Gobernador, por otra, así como en el caso federal y de Aguascalientes que hemos visto, se permite emitir actos, es decir "proveer" para su adecuada "organización administrativa".

> Artículo 27. Son facultades del Congreso:
>
> XXXVI. Expedir la ley que regulará la estructura y funcionamiento interno del Congreso, su Reglamento Interior, y demás acuerdos que resulten necesarios para la adecuada organización administrativa del Congreso.

El artículo 49 otorga expresamente la facultad reglamentaria al Gobernador ya que señala entre sus facultades y obligaciones previstas por la fracción XVI las correspondientes a dicha reglamentación, sin embargo, hay que destacar que se refiere al "buen

---

157 Visible en http://www.ordenjuridico.gob.mx/fichaOrdenamiento.php?idArchivo=19505&ambito=estatal Consulta 05 de junio de 2020 a las 20:11 horas.

despacho de la administración pública", es decir que dichas normas o reglamentos se refieren al área administrativa únicamente.

> Artículo 49. Son facultades y obligaciones del Gobernador:
>
> XVI. Formular y expedir los reglamentos para el buen despacho de la administración pública.

En lo relativo al refrendo, se establece a favor del Secretario de Gobierno. Es importante destacar que, a diferencia de Aguascalientes, faculta el refrendo no solo respecto de los despachos del Gobernador, también de las Leyes que promulgue, lo cual nos parece excesivo, ya que con ello resulta que un Secretario de Gobierno puede impedir que entre en vigor una ley expedida por el Congreso del Estado, es decir frenar el trabajo legislativo de los Diputados.

> Artículo 52. Son atribuciones del Secretario de Gobierno:
>
> I. Autorizar con su firma las leyes y decretos que promulgue el Ejecutivo, así como las disposiciones y acuerdos que éste dicte en el uso de sus facultades.

2.3.3 El Estado de Baja California Sur.[158]

Junto con Quintana Roo, son los Estados más jóvenes del país, siendo creados ambos por decreto del Presidente Luis Echeverría Álvarez que modificó el artículo 43 Constitucional incluyéndolos como nuevos Estados y dejando atrás la categoría de territorios.[159] Su constitución fue publicada el 15 de enero de 1975 siendo el último Estado en tener una constitución por una mínima diferencia de tres días respecto a Quintana Roo; dicha

---

158 Visible en https://www.cbcs.gob.mx/index.php/trabajos-legislativos/leyes?layout=edit&id=1486 Consulta cinco de junio de dos mil veinte a las 20:25 horas.

159 D.O.F. 08 de octubre de 1974. Visible en la página oficial del DOF.

constitución faculta a su Congreso para emitir la ley que organice su estructura y funcionamiento interno, la cual no necesitará ser promulgada por el Gobernador del Estado para tener vigencia, si bien esta no es propiamente una facultad reglamentaria, si limita al Gobernador respecto de su promulgación, también para expedir la Ley de Fiscalización y Rendición de Cuentas del Estado de Baja California Sur, para expedir la ley que establezca las bases de coordinación del Sistema Anticorrupción del Estado de Baja California Sur, así como las facultades y funciones de los diversos órganos que integren el Sistema Anticorrupción del Estado, con lo cual su artículo 64 fracción IV establece límites a la facultad del Gobernador.

> 64.- Son facultades del Congreso del Estado:
>
> IV. Expedir la Ley que organice su estructura y su funcionamiento interno, la cual no necesitará ser promulgada por el Gobernador del Estado para tener vigencia, la Ley de Fiscalización y Rendición de Cuentas del Estado de Baja California Sur, así como para expedir la ley que establezca las bases de coordinación del Sistema Anticorrupción del Estado de Baja California Sur, a que se refiere el artículo 160 Bis de esta Constitución, así como las facultades y funciones de los diversos órganos que integren el Sistema Anticorrupción del Estado de Baja California Sur;

Por otra parte, encontramos que su artículo 79 fracción II es similar al 89 fracción I de la Constitución Federal ya que señala utiliza la consabida fórmula “proveyendo en la esfera administrativa”.

> 79.- Son facultades y obligaciones del Gobernador:
>
> II.- Publicar, cumplir y hacer cumplir las Leyes Decretadas por el Congreso del Estado, proveyendo en la esfera administrativa a su exacta observancia.

Por cuanto hace al refrendo su artículo 81 establece el mismo a cargo del Secretario de Gobierno, así como del Secretario del Ramo a que se refiera el decreto a publicar, salvo el caso de publicación de leyes o decretos que expida el Congreso estatal, en cuyo caso la competencia respecto del refrendo es del Secretario de Gobierno. Con lo anterior, el refrendo tiene plena vigencia para diversos actos del Gobernador, tanto reglamentarios como la propia publicación de leyes del Congreso del Estado, lo que otorga facultades excesivas al Secretario de Gobierno.

> *Artículo 81.- Los reglamentos, Decretos, Acuerdos y ordenes expedidos por el Gobernador del Estado, deberán, para su validez y observancia, ser refrendados por el Secretario General de Gobierno y por el Secretario del Ramo respectivo; cuando se refieran asuntos de la competencia de dos o más Secretarias, deberán ser refrendados por todos los titulares de las mismas.*
>
> *Tratándose de Decretos de publicación de las Leyes o Decretos expedidos por el Congreso del Estado, solo se requerirá el refrendo del Secretario General.*

2.3.4 El Estado de Campeche.[160]

Su constitución fue publicada los días 5, 7 y 10 de julio de 1917 y su artículo 54 fracción IX limita la facultad reglamentaria del Gobernador al establecer como facultad del Congreso la de expedir su Ley Orgánica, así como los reglamentos que sean necesarios para regular su estructura y funcionamiento. Dicha Ley Orgánica del Poder Legislativo y reglamentos que de ella emanen, no pueden ser vetados por el Gobernador y tampoco requieren que éste los promulgue, es decir el Congreso lo turna directamente el Diario Oficial del Estado para su publicación.

> ARTICULO 54.- Son facultades del Congreso:
>
> IX.- Expedir su Ley Orgánica y los reglamentos que sean necesarios para regular su estructura y funcionamiento. La Ley Orgáni-

---

160 Visible en: http://www.ordenjuridico.gob.mx/fichaOrdenamiento.php?idArchivo=20318&ambito=estatal

> ca del Poder Legislativo y reglamentos que de ella emanen, los cuales no podrán ser vetados ni necesitarán promulgación del Ejecutivo del Estado para tener vigencia.

Por otra parte, su artículo 71 contiene en su fracción XIX la facultad reglamentaria en forma expresa relativa al mejor cumplimiento de la constitución y las leyes, pero señalando expresamente la facultad de expedir reglamentos. Nos parece del todo adecuado el abandono de la palabra "proveyendo" y en forma clara y directa señalar "expedir reglamentos" lo que no necesita interpretación alguna, sin embargo nos surgen dudas cuando se refiere a que dichos reglamentos serán para el mejor cumplimiento de la constitución y de las leyes, en primer lugar porque la reglamentación de las constituciones estatales, salvo casos expresamente previstos en la misma le corresponde a los respectivos congresos estatales, es decir la ley es una reglamentación de la constitución; en segundo lugar porque si bien es cierto la reglamentación que hace el ejecutivo es respecto de las leyes consideramos que no procede respecto de cualquier ley como se expondrá más adelante y por poner un ejemplo nos permitimos señalar que un gobernador no puede emitir un reglamento del Código Penal del Estado o del Civil, ya que opinamos que dicha facultad debe ejercerse respecto de su ámbito de competencia que es precisamente el administrativo.

> ARTICULO 71.- Son atribuciones del Gobernador:
>
> XIX.- Dar órdenes y expedir reglamentos para el mejor cumplimiento de esta Constitución y de las leyes;

El artículo 73 de su constitución establece el refrendo y lo circunscribe al ámbito administrativo como consideramos debe ser la facultad reglamentaria, mientras que en otros Estados como se expone en el presente capítulo el refrendo lo establecen incluso para la publicación de las leyes aprobadas por el congreso estatal y que como consideramos una facultad excesiva, ya que no es lógico que un Secretario de Gobierno estatal o de otra rama pueda detener la publicación de una ley aprobada por el órgano creado exprofeso para ello.

> *ARTICULO 73.- Los acuerdos, órdenes y disposiciones que dicte el Gobernador y que sean despachados por las diversas Secretarías del Poder Ejecutivo, irán firmados por el Titular de la Dependencia que los despache y por el Gobernador del Estado; sin este requisito no obligarán.*

2.3.5 Estado de Chiapas.[161]

Su constitución data del 3 de febrero de 1921, su artículo 30 de su muy larga Constitución, que el igual que la federal raya por momentos en reglamentación excesiva, más que en principios fundamentales, limita la facultad reglamentaria del Gobernador al otorgar al Congreso del Estado para expedir su Ley Orgánica y que si bien no expresa que no requiere promulgación del Gobernador, así como tampoco su Reglamento, consideramos lógico que no puede intervenir ya que no habría razón para diferenciar de no existir esta facultad directa. Con lo anterior la autoría del reglamento en cita corresponde al Congreso del Estado.

> Artículo 30.- Son atribuciones del Congreso del Estado:
>
> XVI. Expedir su Ley Orgánica y su Reglamento Interno; la primera regulará su estructura y funcionamiento, y el segundo los procedimientos legislativos.

Por cuanto hace a su facultad reglamentaria, esta se establece en dos fracciones de su numeral 44, la fracción primera y la trigésimo primera. Dicho numeral y sus fracciones citadas otorgan la facultad reglamentaria al establecer la ya citada frase: "proveyendo en la esfera administrativa". Con lo anterior se faculta a reglamentar a la vieja usanza con la palabra "proveyendo", pero también mediante el uso de la frase "expidiendo las órdenes co-

---

161 Visible en http://www.ordenjuridico.gob.mx/fichaOrdenamiento.php?idArchivo=21023&ambito=estatal Consulta 05 de junio de 2020 a las 21:07 horas.

rrespondientes" en la segunda de dichas fracciones, referido al cumplimiento de las diversas normas, una limita en la esfera administrativa, pero la otra no, por lo que reiteramos lo ya comentado sobre la reglamentación de leyes no administrativas.

> Artículo 44.- Son facultades y obligaciones del Gobernador, las siguientes:
>
> I. Promulgar y ejecutar las leyes y decretos que expida el Congreso del Estado, proveyendo en la esfera administrativa a su fiel observancia, así como ejecutar los actos administrativos que al Ejecutivo del Estado encomienden las leyes federales.
>
> XXXI. Cumplir y hacer cumplir la Constitución Federal, las leyes del Congreso de la Unión y los tratados internacionales; así como cuidar el cumplimiento de la presente Constitución y de las leyes, reglamentos, acuerdos y demás disposiciones que de ella emanen, expidiendo al efecto las órdenes correspondientes.

Por cuanto al refrendo su artículo 47 señala esta en relación a los titulares de las dependencias a que el asunto corresponda, es decir a los diversos Secretarios que tiene conforme a su estructura, con la situación de establecer la responsabilidad del Secretario General de Gobierno y los demás Secretarios respecto de las órdenes y providencias que autoricen con su firma, es decir, restando responsabilidad al Gobernador y dirigiendo la misma a los Secretarios, es decir la protección que se otorga a los reyes y la antigua frase: "Obedézcase y no se cumpla", es decir que el Secretario deberá omitir dictar lo ordenado por el Gobernador. Obviamente el primer párrafo es amplio al señalar los decretos, pero el segundo se refiere a la materia administrativa al citar a las Dependencias del Ejecutivo.

> Artículo 47.- Todos los reglamentos, decretos, acuerdos y órdenes del Gobernador deberán ir firmados por el o los titulares de la Dependencia a que el asunto corresponda y sin este requisito no serán obedecidos.
>
> El Secretario General de Gobierno y los demás titulares de las Dependencias del Ejecutivo, serán responsables de todas las ór-

denes y providencias que autoricen con su firma, contra la Constitución y las leyes del Estado.

2.3.6 Estado de Chihuahua.[162]

Su Constitución fue publicada el 17 de junio de 1950, la misma limita al ejecutivo por cuanto su artículo 64 fracción XLIII establece como facultad del Congreso Estatal la de expedir la ley que regulará su estructura y funcionamiento internos, la cual delimitará las formas y procedimientos por medio de los cuales se agruparán los diputados conforme al partido al que estén afiliados para garantizar su libre expresión y que dicha ley no podrá ser iniciada ni ser objeto de observaciones por el Gobernador, quien deberá promulgarla y publicarla dentro de los diez días hábiles siguientes a su recepción, con ello si bien no se habla de la expedición de un reglamento como en otros casos, sí encontramos esa limitación al ejecutivo y la facultad de reglamentarse en lo interno al legislativo.

ARTICULO 64. Son facultades del Congreso:

Expedir la ley que regulará su estructura y funcionamiento internos, la que determinará las formas y procedimientos para la agrupación de los diputados según su afiliación de partido, a efecto de garantizar la libre expresión de las corrientes políticas representadas en el Congreso.

Esta ley no podrá ser iniciada ni objeto de observaciones por el Ejecutivo, que la promulgará y publicará dentro de los diez días hábiles siguientes a su recepción;

En materia reglamentaria su artículo 93 fracción IV es muy claro al otorgar dicha facultad reglamentaria a favor "de quien

---

162 Visible en: http://www.ordenjuridico.gob.mx/fichaOrdenamiento.php?idArchivo=22558&ambito=estatal Consulta 05 de junio de 2020 a las 23:49 horas.

ocupe la titularidad del Poder Ejecutivo del Estado". Si bien el texto es claro en cuanto a dicha facultad nos arroja la siguiente interrogante, ¿si el Gobernador proveerá en la esfera administrativa entonces a que se refiere cuando previamente le facultan para expedir todos los reglamentos que estime convenientes?; como ya hemos señalado, nuestra opinión es que la facultad reglamentaria es únicamente en la esfera administrativa, por lo que en el mejor de los casos este numeral sería reiterativo al hablar en dos ocasiones de lo mismo.

> ***ARTÍCULO 93.*** *Son atribuciones y obligaciones de quien ocupe la titularidad del Poder Ejecutivo del Estado:*
>
> *IV. Expedir todos los reglamentos que estime convenientes y, en general, proveer en la esfera administrativa cuando fuere necesario o útil para la más exacta observancia de las leyes, promoviendo la participación ciudadana en los términos de la Ley.*

El refrendo obliga a la participación del Secretario de Gobierno en todos las leyes y decretos del Congreso, además de los propios del Ejecutivo conforme a su artículo 97, salvo los casos previstos en el artículo 74 (vencido el plazo del Gobernador para hacer observaciones lo que hará se publique el decreto del Congreso), debiendo firmar las referidas leyes y decretos el Gobernador y el Secretario General de Gobierno y sin este requisito no serán obligatorios, es decir sin la firma del Secretario de Gobierno pudiera no ser obligatoria una ley, lo que reiteramos es excesivo, además de ello los reglamentos, acuerdos, órdenes y circulares y demás disposiciones del Gobernador, serán firmados por el Secretario General de Gobierno o Coordinador a que el asunto corresponda o por el Fiscal General del Estado en su caso".

> ***ARTICULO 97.*** *Todas las leyes o decretos del Congreso, salvo los casos previstos en el artículo 74, deberán ser firmados por el Gobernador y el Secretario General de Gobierno, requisito sin el cual no serán obligatorios; los reglamentos, acuerdos, órdenes y circulares y demás disposiciones del Gobernador, serán firmados por el Secretario General de Gobierno y por el Secretario o Coordinador a que el asunto corresponda o por el Fiscal General del Estado, en su caso.*

El Estado de Chihuahua es el de mayor extensión territorial del país con 247,455 kilómetros cuadrados y 67 municipios, lo que hace que en promedio cada uno de ellos sea de una extensión de 3,693.36 en contraste con el Estado de Colima, que solamente tiene 5,625 kilómetros cuadrados de extensión total y 10 municipios con un promedio de 562.50 kilómetros cuadrados, por lo que la extensión territorial del Estado de Colima es inferior al promedio de cada uno de los municipios del Estado de Baja California Sur.

2.3.7 Entidad Federativa Ciudad de México.[163]

La edición vespertina del Diario Oficial de la Federación del 29 de enero de 2016 contiene la Reforma Constitucional a diversos artículos y en esencia al 43 por medio del cual desaparece el Distrito Federal y surge la Ciudad de México, no como un Estado, como una Entidad Federativa, es de hacer notar que la Constitución establecía que cuando los Poderes de la Unión cambien de sede dicho Distrito sería el Estado del Valle de México, lo que ha quedado en el olvido con independencia de que los mencionados poderes no han cambiado de sede ya que incluso las Secretarías no han sido transferidas a los Estados como se anunció. Su Constitución que si bien no es la Constitución de un Estado ya que es una Entidad Federativa, es la más reciente del país data del 5 de febrero de 2017 en obvia concordancia con el centenario de la federal, su artículo primero señala que es una Entidad integrante de la Federación, sede de los Poderes de la Unión y Capital del país. No tiene Gobernador, tiene Jefe de Gobierno de la Ciudad de México.

Dicha Constitución podemos decir que es distinta a las demás que parcialmente analizamos en lo referente al tema en comento, sin embargo, aunque solo contiene 72 artículos requiere de

---

163 Gaceta Oficial de la Ciudad de México. 5 de febrero de 2017.

115 cuartillas, incurriendo como todas en diversas repeticiones a la Federal y como también se hace en la Federal con un texto demasiado amplio que pareciera no querer dejar espacio al legislador común y que más que una norma fundamental nos atrevemos a tacharla de reglamentaria.

Por cuanto a limitación de la facultad reglamentaria respecto de determinadas materias como los casos ya estudiados su artículo 29 otorga competencia al Congreso de la Ciudad para aprobar y reformar la ley constitucional del Congreso de la Ciudad de México y las normas que rigen su vida interior. Es decir que es facultad del Congreso, aunque no señala que se hará sin requerir ser promulgado por el Ejecutivo. Llama la atención que en un afán de modernización y ser distinta a las demás Constituciones no se hace la división tradicional de poderes sea esta formal o material, se establecen "competencias" a las autoridades, por lo que no se tiene por ejemplo la atribución o facultad de legislar, se tiene la competencia para emitir leyes.

> Artículo 29 Del Congreso de la Ciudad.
>
> D. De las competencias del Congreso de la Ciudad de México.
>
> El Congreso de la Ciudad de México tendrá las siguientes competencias legislativas:
>
> i) Aprobar y reformar la ley constitucional del Congreso de la Ciudad de México y las normas que rigen su vida interior; incluyendo la garantía de los derechos humanos y laborales de sus personas trabajadoras;

Por su parte, el artículo 32 relativo al Ejecutivo, denominado Jefe de Gobierno, olvida lo vanguardista y toma la vieja usanza de "proveer" y como en otros casos refiere que es en materia administrativa.

> Artículo 32 De la Jefatura de Gobierno.
>
> C. De las Competencias
>
> 1. La persona titular de la Jefatura de Gobierno tiene las siguientes competencias:

> a) Promulgar y ejecutar las leyes y decretos expedidos por el Congreso de la Ciudad de México, proveyendo en la esfera administrativa a su exacta observancia

Por cuanto al refrendo no existe artículo que lo establezca lo cual resulta novedoso atendiendo al breve análisis realizado respecto de otras constituciones locales y que en nuestra opinión no es necesario y mucho menos cuando se trata de leyes o decretos del Congreso.

2.3.8 Estado de Coahuila.[164]

La Constitución de este Estado fue publicada el 19 de febrero de 1918, dicha Constitución establece limitación al Ejecutivo ya que su artículo 67 en su fracción XXXVI establece como atribuciones del Legislativo la de formar un Reglamento Interior y acordar las providencias para hacer concurrir a los diputados ausentes, por lo que en consecuencia emitir dicho reglamento corresponde al Poder Legislativo.

> Artículo 67.- Son atribuciones del Poder Legislativo:
>
> XXXVI. Formar un Reglamento Interior y acordar las providencias para hacer concurrir a los diputados ausentes.

Respecto del Gobernador, el artículo 82 establece las facultades del mismo y su fracción XVIII a la facultad reglamentaria al señalar expresamente la facultad de expedir reglamentos, así como decretos, acuerdos, circulares, órdenes y disposiciones para la buena marcha de la administración pública y que son de orden inferior y aplicación más limitada. Sobre lo anterior y reiterando lo ya apuntado previamente, nos permitimos reiterar que dicha facultad reglamentaria en cuanto está reservado a la

---

164 Visible en: http://www.ordenjuridico.gob.mx/fichaOrdenamiento.php?idArchivo=25467&ambito=estatal Consulta 5 de junio de 2020 a las 16:44 horas.

buena marcha de la Administración Pública Estatal, es similar a la referida al Presidente que es "…en materia administrativa…".

> Artículo 82.- Son facultades del Gobernador:
>
> XVIII. Expedir los reglamentos que fueren necesarios para la mejor aplicación y observancia de las leyes, sin contrariar sus preceptos ni variar el espíritu de éstas; así como dictar los decretos, acuerdos, circulares, órdenes y disposiciones necesarios para la buena marcha de la Administración Pública Estatal.

En lo relativo al refrendo, su artículo 88 establece que las Leyes y Decretos expedidos por el Congreso del Estado que sean promulgados por el Gobernador, así como, los reglamentos, decretos, acuerdos y circulares que éste expida, serán refrendados por el Secretario de Gobierno y por los Secretarios del Ramo a que el asunto corresponda. Sobre el particular, reiteramos nuestra oposición a que los actos legislativos del Congreso requieran refrendo ya que esto es ponerle un freno por parte de un subordinado del Gobernador como se analizará posteriormente al hablar en específico de esta figura.

> Artículo 88.- Las Leyes y Decretos expedidos por el Congreso del Estado que sean promulgados por el Gobernador, así como, los reglamentos, decretos, acuerdos y circulares que éste expida, serán refrendados por el Secretario de Gobierno y por los Secretarios del Ramo a que el asunto corresponda.

2.3.9 Estado de Colima.[165]

La Constitución del Estado fue publicada como varias otras correspondientes al período de adaptación a la Constitución Federal de 1917 en diversas etapas y que corresponden a los días 20, 27 de octubre, 3, 10, 17 y 24 de noviembre de 1917. Esta

---

165 Visible en: http://www.ordenjuridico.gob.mx/fichaOrdenamiento.php?idArchivo=95635&ambito=estatal Consulta 5 de junio de 2020 a las 19:30 horas.

Constitución no establece reserva a favor del Congreso para expedir su propia Ley Orgánica ni Reglamento Interior.

Por cuanto a la facultad reglamentaria su artículo 58 establece en su fracción III como facultades y obligaciones del Ejecutivo la de formar reglamentos y providencias para la mejor ejecución de las leyes, con lo que podemos observar esta es genérica, es decir no la limita al ámbito administrativo, lo que pudiera dar lugar a que se pretendan emitir reglamentos al Código Civil, al Código Penal, al Código Familiar, etcétera, lo que nos parece incongruente.

> Artículo 58.- Son facultades y obligaciones del Ejecutivo:
>
> III.- Formar los reglamentos y dictar las providencias que demande la mejor ejecución de las leyes.

Su refrendo está previsto por el artículo 63 que lo establece respecto de los reglamentos, decretos, acuerdos y órdenes, sin embargo, atendiendo al comentario anterior de no limitarse expresamente la facultad reglamentaria al ámbito administrativo, como en otras ocasiones, la duda es si los decretos incluyen a la promulgación de leyes del Congreso del Estado, lo que como ya hemos dicho nos parece excesivo.

> Artículo 63.- Todas (sic) los reglamentos, decretos, acuerdos y órdenes del Ejecutivo, deberán ser refrendados con carácter obligatorio por el Secretario General de Gobierno y por los Secretarios del ramo a que el asunto corresponda.

2.3.10 Estado de Durango.[166]

Cinco meses duró la publicación de su Constitución y que corresponde a los días 1, 4, 11, 15 y 25 de noviembre, 6, 13, 16,

---

166 Visible en: http://www.ordenjuridico.gob.mx/fichaOrdenamiento.php?idArchivo=24655&ambito=estatal Consulta 5 de junio de 2020 a las 23:05 horas.

20 y 27 de diciembre de 1917, 3, 10 y 20 de enero, 28 de febrero y 10 y 14 de marzo de 1918. Esta Constitución no contiene reserva a favor del Poder Legislativo para emitir su Reglamento Interno o Leyes Internas sin necesidad de promulgación o participación alguna del Ejecutivo Estatal. Tampoco establece el refrendo, sea a los actos reglamentarios del Gobernador o a la promulgación de las leyes del Congreso, por lo que entonces los actos del titular del Ejecutivo son responsabilidad exclusiva de éste.

La facultad reglamentaria se expresa claramente en su artículo 98, la fracción II es en términos similares a la facultad del Presidente, es decir con el consabido "proveyendo en la esfera administrativa a su exacta observancia" y que como se ha expresado ya ha sido interpretado por la Corte como facultad reglamentaria; la crítica que le hacemos es que posteriormente en la fracción XXVI de dicho artículo se reitera la facultad reglamentaria, esta vez expresamente ya que habla de la "facultad reglamentaria", sin embargo ahora no la reserva a la materia administrativa lo que puede llevar a pensarse que la primera fracción citada se refiere a reglamentar en materia administrativa y la segunda le deja la puerta abierta para reglamentar en materias distintas a la administrativa con los consiguientes yerros que esto representaría.

> Artículo 98.- Son facultades y obligaciones del Gobernador del Estado:
>
> II. Publicar, cumplir y hacer cumplir las leyes decretadas por el Congreso del Estado, proveyendo en la esfera administrativa a su exacta observancia.
>
> XXVI. Ejercer la potestad reglamentaria, dictando los decretos, acuerdos, reglamentos e instrucciones que sean convenientes para la ejecución de las leyes.

2.3.11 Estado de Guanajuato.[167]

Su Constitución fue publicada el 18 de octubre de 1917 y su artículo 63 limita la facultad reglamentaria del Gobernador al establecer a favor del Congreso en su fracción I la facultad de expedir las leyes y reglamentos que regulen su estructura y funcionamiento, y en especial señalar que no se requiere la promulgación del Ejecutivo, por lo que dicha fracción corta de tajo la posibilidad de participación del Gobernador en las leyes y reglamentos ya citados.

> ARTÍCULO 63 Son facultades del Congreso del Estado:
>
> I.- Expedir las Leyes y Reglamentos que regulen su estructura y funcionamiento, las que, para su vigencia, no requerirán de promulgación del Ejecutivo;

Por su parte la fracción III de su artículo 77 otorga la facultad reglamentaria al establecer como facultades y obligaciones del Gobernador del Estado la de proveer en la esfera administrativa a la exacta observancia de las leyes, de lo que resaltamos se refiere a dicha área administrativa y en forma por demás explícita señala que expedirá los reglamentos conducentes, por lo que en nuestra opinión en el caso concreto especifica con toda claridad que ese proveer es precisamente expedir los reglamentos conducentes y como ya se expresó estos serán en materia administrativa.

> ARTÍCULO 77 Las facultades y obligaciones del Gobernador del Estado, son:
>
> III.- Proveer en la esfera administrativa a la exacta observancia de las Leyes, expidiendo los Reglamentos conducentes;

---

167 Visible en https://transparencia.guanajuato.gob.mx/bibliotecadigital/normatividad/CONSTITUCION POLITICA PARA EL ESTADO DE GUANAJUATO.pdf Consulta cinco de junio de dos mil veinte a las 20:45 horas.

Su artículo 79 establece el refrendo que como ya se expresó nos parece excesivo al referirse a las leyes ya que puede llegar al extremo de que el Secretario de Gobierno u otro Secretario impida que una ley entre en vigor simplemente por no poner su firma o retardar esta.

ARTÍCULO 79 Todas las Leyes, Decretos y Reglamentos, para su cumplimiento, serán promulgados por el Gobernador del Estado y refrendados por el Secretario de Gobierno o por quien haga sus veces y por el o los Secretarios del Ramo al que el asunto corresponda.

2.3.12 Estado de Guerrero.[168]

La Constitución vigente es de reciente creación y fue publicada el 5 de enero de 2018, limita la facultad reglamentaria al establecer a favor del Congreso del Estado la facultad de poder crear su Ley Orgánica y normativa interior, es decir reglamentos sin intervención del Gobernador.

ARTICULO 61.- Son atribuciones del Congreso del Estado:

IV. Aprobar y promulgar, sin intervención del Gobernador, su Ley Orgánica y la normativa interior necesaria para el adecuado cumplimiento de sus funciones;

Fuera de ello, el Gobernador tiene la facultad reglamentaria en los términos que a continuación se señalan.

El artículo 91 establece las atribuciones del Gobernador y su fracción VI faculta al Gobernador a expedir reglamentos, no señala que los mismos deban estar limitados a la esfera administrativa, simplemente los relaciona con el desarrollo, eficacia y cumplimiento de las normas que emita el Congreso, al respecto ya

168 Visible en http://congresogro.gob.mx/62/legislacion/ Consulta cinco de junio de dos mil veinte a las 20:55 horas.

hemos señalado que consideramos que dicha facultad debe ser en materia administrativa, sin embargo al no ser el texto expreso como a nivel federal resulta obvio que no tiene esta limitación, aunque su ejercicio fuera de lo ya señalado pudiera traer serios problemas de interpretación jurídica.

> ARTICULO 91.- El Gobernador tiene las siguientes atribuciones:
>
> VI. Expedir los reglamentos necesarios para el desarrollo, la eficacia y cumplimiento de las leyes y decretos aprobados por el Congreso del Estado;

Previamente, el artículo 90 establece la responsabilidad de los servidores públicos y el refrendo mismo que en lo relativo a los reglamentos, decretos, acuerdos y órdenes del Gobernador nos parece correcto, sin embargo cuando refiere que para la validez de una ley y su observancia se requiere el refrendo del Secretario de Gobierno nos parece excesivo, ya que como hemos mencionado antes, consideramos excesivo que un Secretario de Gobierno pueda impedir que una ley tenga validez y obligatoriedad ya que la ley no corresponde ser emitida por el Gobernador, ya que éste solamente debe promulgar y publicar y en su momento ejercer el veto, pero no detenerse el andamiaje de la elaboración y vigencia de una ley por la simple falta de firma de un Secretario.

> ARTICULO 90.- Todo servidor público de la administración pública estatal será responsable de los actos, omisiones y resoluciones emitidos que no se apeguen a la Constitución Política de los Estados Unidos Mexicanos, esta Constitución y las leyes que de ellas emanen.
>
> 1. Para su validez y observancia, las leyes promulgadas por el Gobernador deberán refrendarse por el Secretario General de Gobierno; y,
>
> 2. Los reglamentos, decretos, acuerdos y órdenes del Gobernador deberán estar firmados por el Secretario General de Gobierno y el o los Secretarios de Despacho respectivos.

2.3.13 Estado de Hidalgo.[169]

La Constitución de Hidalgo data del 1° de octubre de 1920, la misma contiene limitación de la facultad reglamentaria por cuanto hace a la Ley Reglamentaria del Congreso y la Ley que regule la Auditoría Superior, esto en sus artículos 52 fracción V y 56 fracción V, por lo que el Gobernador es ajeno a estas normas.

> Artículo 52. El Gobernador no podrá hacer observaciones a los Proyectos de Ley o de Decreto del Congreso, cuando:
>
> V. Hayan sido dictados bajo la facultad de expedir su Ley reglamentaria y disposiciones relacionadas con la misma.
>
> *Artículo 56. Son facultades del Congreso:*
>
> *V. Expedir y aprobar su Ley reglamentaria, así como la Ley que regule las facultades y organización interna de la Auditoría Superior, conforme a las bases establecidas en esta Constitución.*

Por su parte la facultad reglamentaria del ejecutivo se contiene en el artículo 71 el cual refiere en su fracción I la promulgación de leyes y decretos con el ya conocido "proveyendo" que como hemos dicho es la facultad reglamentaria y dicha fracción la limita a la esfera administrativa, sin embargo, la fracción II abre la posibilidad para salirse de esa esfera ya que se refiere expresamente a la facultad reglamentaria para la mejor ejecución de las leyes, pero sin establecer que sea en materia administrativa. Por otra parte, su artículo 81 faculta al Gobernador para delegar las facultades que tiene a cualquier funcionario, lo que consideramos poco ortodoxo ya que no se refiere a actividades propias del ramo, pero no establece el refrendo.

> Artículo 71. Son facultades y obligaciones del Gobernador:

---

169 Visible en: http://www.ordenjuridico.gob.mx/fichaOrdenamiento.php?idArchivo=23546&ambito=estatal Consulta 5 de junio de 2020 a las 20:25 horas.

> I. Promulgar y ejecutar las Leyes y Decretos, proveyendo en la esfera administrativa lo necesario para su exacta observancia;
>
> II. Expedir los Reglamentos que fueren necesarios para la mejor ejecución de las Leyes.
>
> Artículo 81. El Gobernador podrá delegar en cualquier funcionario, las facultades otorgadas a él, así como a las dependencias del Ejecutivo.

2.3.14 Estado de Jalisco.[170]

Su Constitución fue publicada los días 21, 25 y 28 de julio y 1 de agosto de 1917, la facultad reglamentaria del Gobernador no es absoluta, ya que el Congreso del Estado tiene entre sus facultades la de formar sus propios reglamentos, por lo que en este caso la facultad reglamentaria no solo es del Gobernador.

> Art. 35. Son Facultades del Congreso:
>
> XXXI. Expedir su Ley Orgánica, formar sus reglamentos y dictar las disposiciones necesarias para el buen funcionamiento de sus oficinas, así como ejercer las demás atribuciones que le confiera la ley.

El artículo 50 de dicha Constitución, a la vieja usanza establece en su fracción VIII la facultad reglamentaria usando el verbo proveer, pero previamente señala en forma categórica esa facultad reglamentaria al establecer como facultades y obligaciones del Gobernador del Estado. Nos permitimos resaltar que expresa también con claridad que estos reglamentos son en materia administrativa y para el buen despacho de la administración pública, por lo que obviamente limita tal facultad.

---

170 Visible en: http://www.ordenjuridico.gob.mx/fichaOrdenamiento.php?idArchivo=34151&ambito=estatal

Art. 50. Son facultades y obligaciones del Gobernador del Estado:

VIII. Expedir los reglamentos que resulten necesarios, a fin de proveer en la esfera administrativa, la exacta observancia de las leyes y para el buen despacho de la administración pública.

No establece expresamente el refrendo respecto de la publicación de leyes del Congreso del Estado y menos aún de reglamentos del Gobernador, pero su artículo 46 si establece la firma como requisito para obedecer las disposiciones del Gobernador, lo que además es un error de semántica, en especial cuando recordamos el clásico: "obedézcase pero no se cumpla" de las Cortes de Burgos y Briviesca en el siglo XIV, ya que expresamente señala que todas las disposiciones del Gobernador requieren esta firma (refrendo) para su validez, es decir para ser obedecidas.

Art. 46. Para el despacho de los negocios del Poder Ejecutivo habrá un servidor público que se denominará Secretario General de Gobierno y varios que se denominarán secretarios del despacho del ramo que se les encomiende.

Todas las disposiciones que el Gobernador del Estado emita en uso de sus facultades, deberán estar firmadas por el secretario de despacho a que el asunto corresponda, y sin este requisito no serán obedecidas

2.3.15 Estado de México.[171]

La Constitución de este Estado fue publicada el 9 de noviembre del año de nuestra Constitución Federal, su artículo 61 fracción III establece la facultad de su Congreso para expedir su ley y reglamentos correspondientes sin embargo, a diferencia de otras

[171] Visible en ttp://legislacion.edomex.gob.mx/sites/legislacion.edomex.gob.mx/files/files/pdf/ley/vig/leyvig001.pdf consulta cinco de junio de dos mil veinte a las 20:35 horas.

Constituciones, no elimina la participación del Gobernador negando a éste el veto y/o la participación en la promulgación:

> Art. 61. Son facultades y obligaciones de la legislatura:
>
> III. Expedir su Ley Orgánica y todas las normas necesarias para el debido funcionamiento de sus órganos y dependencias.

Su artículo 77 es muy prolífico en cuanto a la facultad del Gobernador para reglamentar ocupándose tres fracciones de esto (II, III y IV), al establecer las facultades y obligaciones del Gobernador del Estado entre las cuales se encuentra desde luego la relativa a expedir reglamentos y como podemos ver la fracción tercera se refiere a la esfera administrativa, sin embargo, la fracción cuarta aparenta abrir la puerta a reglamentar en otras materias:

> Art. 77. Son facultades y obligaciones del Gobernador del Estado:
>
> II. Cuidar el cumplimiento de la presente Constitución y de las leyes, reglamentos, acuerdos y demás disposiciones que de ella emanen, expidiendo al efecto las órdenes correspondientes;
>
> III. Promulgar y publicar las leyes, decretos o acuerdos que expida la legislatura del Estado, proveyendo en la esfera administrativa a su exacta observancia;
>
> IV.-Expedir los reglamentos necesarios para le ejecución y cumplimiento de las leyes y decretos expedidos por la Legislatura.

El refrendo se encuentra previsto en su artículo 80 que prácticamente deslinda de responsabilidades al gobernador y las deriva en los Secretarios, desafortunadamente, se incurre una vez más en incluir lo relativo a las leyes, con lo que permite al Secretario de Gobierno participar en la promulgación y publicación de las leyes, lo que en nuestra opinión es excesivo y establece:

> Art. 80. Todas las leyes, decretos, reglamentos, circulares, acuerdos y, en general, los documentos que suscriba el Gobernador en ejercicio de sus atribuciones deberán ser refrendados por el Secretario General de Gobierno; sin este requisito no surtirán efectos legales.

> El Secretario General de Gobierno y los demás titulares de las dependencias del Ejecutivo, serán responsables de todas las órdenes y providencias que autoricen con su firma, contra de la Constitución del Estado y sus leyes.

2.3.16 Estado de Michoacán.[172]

La Constitución estatal fue publicada durante los días 7, 10, 14, 17, 21, 24 y 28 de febrero, 3, 7, 10 y 14 de marzo de 1918, como en el caso de otros Estados, el Congreso del Estado tiene facultad para expedir su Ley Orgánica y dictar resoluciones económicas relativas a su régimen interno lo que constituye una restricción a la facultad reglamentaria del Gobernador, es decir que esta no es absoluta ya que la reglamentación correspondiente será expedida por el Congreso. Al respecto el artículo 44 establece:

> Artículo 44. Son facultades del Congreso:
>
> XXVII.- Expedir la Ley Orgánica del Congreso y dictar resoluciones económicas relativas a su régimen interno;

Por su parte, la facultad reglamentaria del Gobernador se encuentra en el artículo 60 que en sus fracciones I y VI establece la referida facultad, misma que en nuestra opinión se encuentra limitada a la esfera administrativa en forma clara y refiere:

> Artículo 60.- Las facultades y obligaciones del Gobernador son:
>
> I.- Promulgar y ejecutar las leyes y decretos que expida el Congreso del Estado, y proveer en la esfera administrativa a su exacta observancia;

---

[172] Visible en http://congresomich.gob.mx/file/CONSTITUCI%25C3%2593N-POL%25C3%258DTICA-DEL-ESTADO-LIBRE-Y-SOBERANO-DE-MICHOAC%25C3%2581N-REF-22-FEB-2019.pdf Consulta cinco de junio de dos mil veinte a las 21:25 horas.

VI.- Expedir los reglamentos interiores de las oficinas a su cargo;

El refrendo se establece en su artículo 65 y lo limita en la misma forma a la esfera administrativa, con la salvedad de la firma del Secretario de Gobierno para la publicación de las leyes, que, como se ha mencionado antes nos parece excesivo ya que un funcionario distinto del Gobernador puede frenar la publicación de una ley.

Artículo 65. La promulgación y la orden de publicación de las leyes se harán constar mediante la firma del Gobernador del Estado y del Secretario de Gobierno. Todos los decretos, reglamentos, órdenes, acuerdos y circulares de observancia general que contengan disposiciones sobre asuntos administrativos, deberán ser firmados por el Gobernador del Estado, el Secretario de Gobierno y los titulares de las dependencias básicas a que el asunto corresponda; requisito sin el cual no serán obligatorios.

2.3.17 Estado de Morelos.[173]

Su constitución fue publicada el 20 de noviembre de 1930, llamando la atención que como en el caso de la Constitución Federal de 1917, señala que reforma a su precedente que en este caso es la Constitución Estatal de 1888. No establece limitación a la facultad reglamentaria del Gobernador respecto del Congreso del Estado y la facultad reglamentaria de aquel la establece en su artículo 70 fracción XVII que consideramos es una facultad acotada a la esfera administrativa.

Artículo 70. Son facultades del Gobernador del Estado:

XVII.- En materia de legislación y normatividad estatal: a) Promulgar y hacer cumplir las leyes o decretos del Congreso del Estado, proveyendo en la esfera administrativa a su exacta observancia;

---

173 Visible en: http://compilacion.ordenjuridico.gob.mx/fichaOrdenamiento2.php?idArchivo=767&ambito=estatal Consulta 5 de junio de 2020 a las 19:37 horas.

b) Expedir los reglamentos necesarios para la buena marcha de los asuntos estatales, incluyendo las disposiciones derivadas del cumplimiento de la normativa federal.

El refrendo se encuentra establecido en su artículo 76. Como ya hemos mencionado antes, nos parece excesivo que los decretos legislativos requieran el refrendo.

Artículo 76. Todos los decretos, reglamentos y acuerdos administrativos del Gobernador del Estado, deberán ser suscritos por el Secretario de Despacho encargado del ramo a que el asunto corresponda.

El decreto promulgatorio que realice el titular del Ejecutivo del Estado respecto de las leyes y decretos legislativos, deberá ser refrendado únicamente por el Secretario de Gobierno.

2.3.18 Estado de Nayarit.[174]

Su constitución como otras, fue publicada en diversas etapas, siendo los días 17, 21, 24 y 28 de febrero, 3, 7, 10 y 14 de marzo de 1918. Su artículo 47 limita la facultad reglamentaria del Gobernador ya que autoriza en su fracción XVIII a la legislatura para crear disposiciones reglamentarias, por lo que en cuanto a esto el Gobernador carece de facultades y al efecto establece:

Artículo 47. Son atribuciones de la legislatura:

XVIII. Formar y expedir la Ley Orgánica del Poder Legislativo y sus disposiciones Reglamentarias.

Respecto de la facultad reglamentaria del Gobernador, su artículo 69 establece las facultades y obligaciones del mismo, la redacción de la fracción II nos parece excelente, la más adecuada para la facultad

174 Visible en: http://www.ordenjuridico.gob.mx/fichaOrdenamiento.php?idArchivo=24120&ambito=estatal Consulta 5 de junio de 2020 a las 18:08 horas.

reglamentaria, ya que expresamente usa la palabra reglamento, pero además la encuadra en el área administrativa, con lo que no deja lugar a dudas de que el Gobernador tiene facultad para reglamentar y que esa facultad se limita al área administrativa, sin necesidad de realizar interpretación alguna.

> Artículo 69. Son facultades y obligaciones del Gobernador:
>
> II. Sancionar, promulgar y ejecutar las leyes y decretos dados por el Poder Legislativo y formar en la parte administrativa los reglamentos necesarios para su exacta observancia.

Por cuanto al refrendo, su artículo 75 es de hechura muy similar al de otras constituciones estatales, con la crítica ya señalada por señalar los actos promulgatorios de leyes.

> Artículo 75. Todos los reglamentos, decretos, acuerdos, circulares y órdenes del Gobernador, deberán ser firmados por el Secretario de la dependencia a que el asunto corresponda, sin cuyo requisito no surtirá efectos legales.
>
> Tratándose de los actos promulgatorios de las leyes o decretos que realice el Gobernador, solo se requerirá el refrendo del Secretario General de Gobierno, requisito sin el cual no serán obligatorios.

2.3.19 Estado de Nuevo León.[175]

Su Constitución data del 16 de diciembre de 1917, el artículo primero de la misma se refiere al pueblo nuevoleonés, aunque consideramos que la forma correcta debe ser neoleonés. Si bien la fracción XXXIV del artículo 63 de dicha Constitución establece que le corresponde a su Congreso expedir su Ley Orgánica, no establece que el mismo pueda emitir reglamento

---

175 Visible en: http://compilacion.ordenjuridico.gob.mx/fichaOrdenamiento2.php?idArchivo=6312&ambito=estatal Consulta 5 de junio de 2020 a las 22:22 horas.

alguno, por lo que en consecuencia no comparte esta facultad con el Gobernador.

> Artículo 63. Corresponde al Congreso:
>
> XXXIV. Expedir su Ley Orgánica y tomar las providencias para hacer concurrir a los Diputados ausentes y corregir las faltas u omisiones de los presentes.

El artículo 85 constitucional establece expresamente en su fracción X que le corresponde al Ejecutivo la facultad de reglamentar y dicha facultad está expresa y claramente determinada al ámbito administrativo. Consideramos que resulta relevante hacer notar que conforme al artículo 74 de dicha Constitución el Gobernador puede "reglamentar" alguna ley o decreto, pero deberá pasar el proyecto al Congreso para su discusión y aprobación, por lo que ya no es un reglamento expedido por el Gobernador, estaríamos hablando de una iniciativa de ley o de reforma a una ley.

> Artículo 85. Al Ejecutivo corresponde:
>
> X. Publicar, circular, cumplir y hacer cumplir las leyes y demás disposiciones del Congreso del Estado, y ordenar y reglamentar en lo administrativo, lo necesario para su ejecución.
>
> Artículo 74. Cuando el Gobernador disponga reglamentar alguna ley o decreto, fuera de lo señalado en la fracción X del artículo 85, pasará el proyecto al Congreso para su discusión y aprobación.

Por cuanto hace al refrendo, éste se encuentra previsto en su artículo 88 que establece que ninguna orden del Gobernador se tendrá como tal sin la firma del Secretario General de Gobierno y por el Secretario del despacho que corresponda. Es importante aquí también resaltar que no se refiere a decretos como otras Constituciones, se refiere a "orden" al grado que establece que los firmantes serán responsables de dichas órdenes, por lo que el Secretario no tiene intervención alguna en la promulgación y/o publicación de las leyes.

Artículo 88. Ninguna orden del Gobernador se tendrá como tal, si no va firmada por el Secretario General de Gobierno y por el Secretario del Despacho que corresponda, o por quienes deban sustituirlos legalmente. Los firmantes serán responsables de dichas órdenes.

2.3.20 Estado de Oaxaca.[176]

Su Constitución corresponde al 4 de abril de 1922, es el Estado con mayor número de municipios con 570 en sus 95,364 kilómetros cuadrados, por lo que cada uno de ellos tiene un promedio de 167.30 kilómetros cuadrados. Conforme al artículo 59 fracción LVII (de 76 que contiene), limita la facultad reglamentaria del Ejecutivo al conceder al Congreso la facultad de expedir su Ley Orgánica y Reglamento Interior.

Artículo 59. Son facultades del Congreso del Estado:

LVII. Expedir su Ley Orgánica y el reglamento interior.

El artículo 80 de su Constitución se refiere a las obligaciones del Gobernador y al caso es de apreciar el contenido de las fracciones II, IX y X de las que podemos observar, utiliza la palabra proveyendo para referirse a la facultad reglamentaria y que puede reglamentar siempre que al expedirse la ley no se disponga otra cosa por el Congreso, es decir respetando el principio de jerarquía de las normas, ya que el reglamento debe ser el ´como aplicar las leyes, siendo que el artículo previo, es decir el 79 se refiere a las facultades y no la establece, por lo que reglamentar en esta Constitución es una obligación, no una facultad.

Artículo 80. Son obligaciones del Gobernador:

II. Cuidar del puntual cumplimiento de esta Constitución y de las leyes, decretos, reglamentos, acuerdos y demás disposi-

---

176 Visible en: http://www.ordenjuridico.gob.mx/fichaOrdenamiento.php?idArchivo=24326&ambito=estatal Consulta 5 de junio de 2020 a las 20:31 horas.

ciones que de ella emanen, expidiendo al efecto las órdenes correspondientes;

IX. Promulgar sin demora, ejecutar y hacer que se ejecuten las leyes, decretos y acuerdos de la Legislatura del Estado, proveyendo en la esfera administrativa a su exacta observancia;

X. Formar y aplicar los reglamentos que juzgue necesarios para la ejecución y cumplimiento de las leyes y decretos expedidos por la Legislatura, siempre que ésta no disponga otra cosa en la misma ley o decreto.

El refrendo se encuentra establecido en al artículo 84 primer párrafo, y de su lectura se puede observar que para que una ley emitida por el Congreso del Estado tenga vigor se necesita de la firma de un Secretario, por lo que se reitera la crítica hecha previamente en el caso de otras Constituciones ya analizadas.

Artículo 84. Las leyes, decretos, reglamentos, circulares, acuerdos, órdenes, despachos, convenios y demás documentos que el Gobernador del Estado suscriba en ejercicio de sus funciones deberá (sic) llevar la firma del titular o de los titulares de las dependencias involucradas en cada caso. Y sin este requisito no surtirá efectos legales.

2.3.21 Estado de Puebla.[177]

Su Constitución como varias citadas también es del año 1917, en específico del 2 de octubre de 1917. Si bien su artículo 57 no establece la facultad de reglamentar ley alguna si expresa que el Congreso puede expedir y modificar la ley que su estructura y funcionamiento internos sin necesidad de promulgación del Gobernador para que tenga vigencia.

Artículo 57. Son facultades del Congreso:

---

177 Visible en: http://www.ordenjuridico.gob.mx/fichaOrdenamiento.php?idArchivo=96586&ambito=estatal Consulta 5 de junio de 2020 a las 22:14 horas.

> XXV. Expedir y modificar la ley que regule su estructura y funcionamiento internos. Esta ley no podrá ser vetada ni necesitará promulgación del Ejecutivo Estatal para tener vigencia.

Por cuanto a la facultad reglamentaria de su Gobernador su artículo 79 señala las facultades y obligaciones del mismo expresando la fracción III la acostumbrada frase de proveer en la esfera administrativa a la exacta observancia de las leyes y decretos del Congreso. Resulta importante destacar que por su parte la fracción IV le permite expedir reglamentos autónomos, decretos, órdenes y circulares de carácter y aplicación general, por lo que deducimos que se trata de aquellos que no reglamentan una ley como el caso de los Municipios o algunos organismos federales, pero estos deben ser para la administración pública, consecuentemente la facultad reglamentaria se limita al área administrativa.

> Artículo 79. Son facultades y obligaciones del Gobernador del Estado:
>
> III.- Promulgar y mandar publicar, cumplir y hacer cumplir las leyes y decretos del Congreso y proveer en la esfera administrativa a su exacta observancia.
>
> IV.- Expedir reglamentos autónomos, decretos, órdenes y circulares de carácter y aplicación general, en los diversos ramos de Administración Pública.

Por su parte, el artículo 84 de su Constitución en su segundo párrafo establece el refrendo y señala que todos los reglamentos, decretos y acuerdos que expida el Gobernador requieren ser firmados por el Secretario del ramo para que tengan validez y vigencia, consecuentemente se limita teóricamente la facultad reglamentaria del Gobernador y al señalar los decretos no determina si en estos se incluyen aquellos en los cuales se promulga una ley o su reforma.

> Artículo 84. ...
> Todos los reglamentos, decretos y acuerdos expedidos por el Gobernador, para su validez y observancia deberán ser firmados por

él y por el Secretario del ramo a que el asunto corresponda, y cuando se refieran a asuntos de la competencia de dos o más Secretarías, deberán ser refrendados por los titulares de las mismas.

2.3.22 Estado de Querétaro.[178]

La Constitución de este Estado data del 31 de marzo de 2018 y ya tiene 28 reformas (como para comparar con las enmiendas de la de Estados Unidos), no establece la facultad de su Congreso para emitir su propia ley orgánica o reglamentos internos, por lo que no comparte esta facultad con el Gobernador en este u otro rubro.

Su artículo 22 establece las facultades y obligaciones del Gobernador entre las cuales destacan para el presente estudio la fracción II relativa a la facultad de reglamentar en materia administrativa y la fracción VII relativa a expedir decretos y acuerdos también de carácter administrativo relativas a los servicios públicos. Luego entonces en ambos casos se refiere al ámbito administrativo.

> Artículo 22. Son facultades y obligaciones del gobernador del Estado las siguientes:
>
> II. Reglamentar las leyes, proveyendo en la esfera administrativa a su exacta observancia, con excepción de las leyes orgánicas de los Poderes y de los órganos autónomos;
>
> VII. Expedir decretos y acuerdos de carácter administrativo para la eficaz prestación de los servicios públicos y otorgar concesiones a los particulares para este mismo efecto.

Su artículo 23 establece el refrendo a los reglamentos, decretos, acuerdos y disposiciones de carácter general en favor del Secretario de Gobierno, sin cuya firma carecen de validez.

---

178 Visible en: https://site.legislaturaqueretaro.gob.mx/CloudPLQ/InvEst/Leyes/001_59.pdf Consulta 5 de junio de 2020 a las 22:47 horas.

Artículo 23. Los reglamentos, decretos, acuerdos y disposiciones de carácter general que expida el Gobernador, requerirán para su validez la firma del Secretario de Gobierno.

2.3.23 Estado de Quintana Roo.[179]

Como ya se ha mencionado, el Estado de Quintana Roo, junto con Baja California Sur son los de más reciente creación (1974), al cambiar su categoría jurídica de Territorio a Estado, fue publicada el 12 de enero de 1975 y su artículo 75 limita o comparte la facultad reglamentaria al establecer en su fracción IV que la Legislatura está facultada para expedir su Ley Orgánica y su Reglamento Interior, además de la Ley del Órgano de Fiscalización Superior del Estado y su Reglamento Interior por lo que en ambos casos reglamenta.

Artículo 75. Son facultades de la Legislatura del Estado:

IV.- Expedir su Ley Orgánica y su Reglamento Interior, así como la Ley del Órgano de Fiscalización Superior del Estado y su Reglamento Interior.

Por su parte, el artículo 91 establece como obligaciones del Gobernador en su fracción II la ya consabida relativa a las leyes decretadas por la Legislatura, bajo la misma perspectiva de proveer en la esfera administrativa, por lo que esta facultad reglamentaria queda limitada al ámbito administrativo.

Artículo 91. Son obligaciones del Gobernador:

II.-} Publicar, cumplir y hacer cumplir las leyes decretadas por la Legislatura, proveyendo en la esfera administrativa a su exacta observancia.

---

179 Visible en: http://www.ordenjuridico.gob.mx/fichaOrdenamiento.php?idArchivo=31514&ambito=estatal Consulta 5 de junio de 2020 a las 22:57 horas.

Por su parte el artículo 93 se refiere al refrendo para los reglamentos, decretos y acuerdos del Gobernador, previendo que deberán estar firmados por el Secretario al que el asunto corresponda, permitiéndonos destacar que conforme a su párrafo segundo cuando se trate de decretos promulgatorios de leyes o expedidos por el Congreso del Estado sólo se requerirá el refrendo del titular de la Secretaría de gobierno, por lo que encontramos que un Secretario de Gobierno puede frenar una ley del congreso aunque sea en forma temporal, lo que nos parece un exceso, ya que es tanto como vetar la ley al poder evitar su obligatoriedad.

> Artículo 93. Todos los reglamentos, decretos y acuerdos expedidos por el Gobernador del Estado deberán estar firmados por el Secretario al que el asunto corresponda, y sin este requisito no serán obedecidos.
>
> Tratándose de los decretos promulgatorios de las leyes o decretos expedidos por el Congreso del Estado, sólo se requerirá el refrendo del titular de la Secretaría de Gobierno.

2.3.24 Estado de San Luis Potosí.[180]

La Constitución del Estado de San Luis Potosí como otras ya citadas fue publicada en diversas etapas, siendo los días 2, 5, 9, 12, 16, 19, 23, 26 y 30 de enero, 2, 6 y 9 de febrero de 1918. Ninguna de las cuarenta y ocho fracciones de su artículo 57 que se refiere a las atribuciones del Congreso le faculta para reglamentar, por lo que no comparte o limita esta facultad del Gobernador.

Por su parte, el artículo 80, relativo a las atribuciones del Gobernador, sí establece en sus fracciones II y III la facultad reglamentaria del mismo, en el caso de la primera fracción citada a la vieja usanza será proveyendo en la esfera administrativa a la exacta observancia de las leyes; por su parte la última mencio-

---

180 Visible en: http://www.ordenjuridico.gob.mx/fichaOrdenamiento.php?idArchivo=95710&ambito=estatal Consulta 6 de junio de 2020 a las 19:55 horas.

nada en forma por demás expresa le concede la atribución de expedir reglamentos para la ejecución y cumplimiento de las leyes y decretos del Congreso, así como de expedir y publicar decretos y acuerdos de carácter administrativo, por lo que consideramos que es claro que dicha facultad se encuentra limitada al área administrativa.

> Artículo 80. Son atribuciones del Gobernador del Estado las siguientes:
>
> II. Promulgar y publicar en el Periódico Oficial del Estado las leyes, decretos y acuerdos que expida la Legislatura del Estado, proveyendo en la esfera administrativa a su exacta observancia. La publicación deberá darse dentro de un plazo que no exceda de veinte días hábiles contados a partir de aquél en que venza el término para ejercer el derecho de veto.
>
> III. Expedir los reglamentos necesarios para la ejecución y cumplimiento de las leyes y decretos del Congreso; así como expedir y publicar decretos y acuerdos de carácter administrativo.

Su artículo 83 establece el refrendo para todas las leyes que promulgue el Gobernador por parte del Secretario General y sin dicho refrendo no surtirán efectos legales, con lo que encontramos aquí también esa facultad de un Secretario de evitar aunque sea temporalmente la obligatoriedad de una ley del Congreso lo que insistimos nos parece un exceso. También señala que para su validez, los decretos, reglamentos, circulares, acuerdos y disposiciones de carácter general que dicte el Gobernador, no solamente requieren de la firma del Secretario General de Gobierno, también la del Secretario del ramo que corresponda.

> Artículo 83. Todas las leyes promulgadas por el Gobernador deberán ser refrendadas por el Secretario General de Gobierno y sin este requisito no surtirán efectos legales. Para su validez, los decretos, reglamentos, circulares, acuerdos y disposiciones de carácter general que dicte el Gobernador, además del Secretario General de Gobierno, deberán ser firmados por el Secretario del ramo que corresponda.

2.3.25 Estado de Sinaloa.[181]

Su Constitución se publicó ligeramente tardía en relación a la federal y data del 22 de junio de 1922, su artículo 22 denomina al Poder Legislativo como Congreso del Estado y el 43 le señala sus facultades entre las cuales se encuentra la de expedir su propia Ley Orgánica que no puede ser vetada y no requiere promulgación del Gobernador, si bien no señala en forma directa la reglamentación de la misma, en caso de que el Gobernador la reglamente el congreso del Estado puede modificar la ley y dejar sin efectos los que se haya reglamentado, pero propiamente no hablamos de compartir la facultad reglamentaria, aunque excluye como ya se dijo el veto y promulgación.

> Artículo 43. Son facultades exclusivas del Congreso del Estado, las siguientes:
>
> I. Expedir su propia Ley Orgánica que no podrá ser vetada ni necesitará de promulgación del Gobernador del Estado.

El artículo 65 relativo a las facultades y obligaciones del gobernador en sus fracciones I y XIV expresamente otorga la facultad reglamentaria, esta constitución estatal deja claro que el Gobernador está facultado para reglamentar, pero además su fracción primera establece que es para proveer en la esfera administrativa la exacta observancia de las leyes, decretos y reglamentos, con lo que resulta clara la limitación al área administrativa, con independencia de los reglamentos autónomos; paralelamente a ello, se le faculta para expedir reglamentos relativos a las dependencias de la administración, lo que obviamente lo limita al área administrativa, sean estos para su régimen jurídico, orgánico, económico u operativo.

---

181 Visible en: http://www.ordenjuridico.gob.mx/fichaOrdenamiento.php?idArchivo=78896&ambito=estatal Consulta 6 de junio de 2020 a las 20:25 horas.

> Artículo 65. Son facultades y obligaciones del Gobernador Constitucional del Estado, las siguientes:
>
> I. Sancionar, promulgar, reglamentar y ejecutar las leyes y decretos que expida el Congreso del Estado proveyendo en la esfera administrativa a su exacta observancia, así como expedir los reglamentos autónomos que la Constitución General de la República y esta Constitución le autoricen o faculten.
>
> XIV. Expedir reglamentos para el régimen jurídico, orgánico, económico y operativo de las dependencias de la Administración Pública Estatal y Paraestatal.

Ahora bien, respecto del refrendo, su artículo 69 lo establece en favor del Secretario del Ramo a que corresponda respecto de los decretos, reglamentos y acuerdos del Gobernador, por lo que no tiene intervención en las leyes, salvo que se trate de decretos promulgatorios de leyes sobre los cuales no se especifica en forma clara.

> Artículo 69. Para ser válidos los decretos, reglamentos y acuerdos del Gobernador, deberán estar firmados por éste y por el Secretario encargado del Ramo a que el asunto corresponda, de los que serán solidariamente responsables.

2.3.26 Estado de Sonora.[182]

Su Constitución fue publicada el 15 de septiembre de 1917 y su artículo 64 contiene tres fracciones en las cuales se otorga la facultad reglamentaria al Congreso del Estado, esta son relativas a su propia ley y reglamento, lo que con lleva la facultad reglamentaria, la relativa a reglamentos sobre la Guardia Nacional y la concerniente a reglamentos en materia de trabajo en lo competente al ámbito estatal, por lo que podemos encon-

---

182 Visible en: http://compilacion.ordenjuridico.gob.mx/fichaOrdenamiento2.php?idArchivo=2765&ambito=estatal Consulta 7 de junio de 2020 a las 21:34 horas.

trar claramente que comparte la facultad reglamentaria con el ejecutivo estatal.

> Artículo 64. El Congreso tendrá facultades:
>
> XXXI.- Para expedir la Ley que regulará su estructura y funcionamiento internos, así como los reglamentos de la misma;
>
> XXXV.- Para expedir los reglamentos sobre la instrucción de la Guardia Nacional, con sujeción a la fracción XV del artículo 73 de la Constitución General de la República; y
>
> XLIII.- Para expedir leyes y reglamentos concernientes a la recta aplicación de la Ley Federal del Trabajo, en las materias que ésta encomienda a las Autoridades Estatales; así mismo, para expedir leyes que normen las relaciones de los servidores públicos de los Poderes del Estado y ayuntamientos y de los trabajadores al servicio de los organismos descentralizados.

Por cuanto hace a la facultad reglamentaria del Gobernador, esta se encuentra contenida en el artículo 79 que establece facultades y obligaciones del mismo y se contienen en dos fracciones que son la I y la XVIII, en ambos casos la facultad reglamentaria está limitada exclusivamente a la materia administrativa, además de ello, el penúltimo párrafo de dicho numeral le permite delegar sus facultades al servidor público que el Gobernador determine, pero el último párrafo de dicho artículo señala como facultades no delegables las establecidas en diversas fracciones del propio artículo incluyendo la fracción I, pero no la XVIII, por lo que puede delegar la facultad de formar y aprobar los reglamentos interiores de las dependencias:

> Artículo 79. Son facultades y obligaciones del Gobernador:
>
> I.- Promulgar sin demora las leyes y decretos, y los acuerdos en su caso; ejecutarlos y hacer se ejecuten; y formar en la parte administrativa y de conformidad con las disposiciones de la ley, los reglamentos necesarios para la exacta observancia de los mismos; y
>
> XVIII.- Formar y aprobar, en su caso, el reglamento interior de cada una de sus dependencias.

> El Gobernador del Estado podrá delegar las facultades y obligaciones previstas en la presente Constitución al servidor público que determine. Esta delegación podrá efectuarse en los casos que el Titular del Ejecutivo lo establezca procedente salvo aquellas facultades que por su naturaleza jurídica deban ser ejercidas por el mismo Gobernador.
>
> Son facultades exclusivas del Gobernador no delegables las establecidas en las fracciones I, III, VII, XIII, XIV, XVII, XVIII, XXI, XXII, XXIV, XXXII, XXXIII, XXXVI BIS, XXXIX y XL de este artículo.

Su artículo 82 se refiere al refrendo del Secretario de Gobierno incluyendo el relativo a las leyes que reiteramos nos parece excesivo por referirse a las leyes.

> Artículo 82. Todas las leyes, decretos, reglamentos, circulares, acuerdos y órdenes que suscriba el Gobernador deberán en todo caso ser autorizados con la firma del Secretario de Gobierno y comunicados por éste. Los documentos que el Gobernador suscriba en ejercicio de sus funciones constitucionales, así como los despachos que expida, deberán ir refrendados por el Secretario de Gobierno y sin este requisito no surtirán efectos legales

2.3.27 Estado de Tabasco.[183]

La Constitución del Estado de Tabasco fue publicada el 5 de abril de 1919, limita la facultad de reglamentar del ejecutivo al establecer la misma a favor del Congreso en su artículo 36 respecto de ciertas materias como son las concedidas a los Estados por el artículo 130 de la Constitución General específicamente los actos relativos al estado civil de las personas, y las de expedir y modificar su Reglamento Interior:

> Artículo 36.- Son facultades del Congreso:

---

183 Visible en: https://congresotabasco.gob.mx/wp/wp-content/uploads/2019/01/Constitucion-Politica-del-Estado-de-Tabasco1-1.pdf Consulta 10 de junio de 2020 a las 23:15 horas.

> VIII.- Reglamentar las facultades concedidas a la entidad por el artículo 130 de la Constitución Política de los Estados Unidos Mexicanos; y
>
> XXXIV.- Expedir y modificar la Ley Orgánica del Poder Legislativo y el Reglamento Interior del H. Congreso del Estado.

Por cuanto hace al Gobernador, el artículo 51 le otorga la facultad de reglamentar en su fracción I que señalaba: "Promulgar y ejecutar las leyes y decretos dados por el Poder Legislativo del Estado y expedir los reglamentos necesarios para la exacta observancia de los mismos". Dicho texto fue modificado mediante reforma publicada el 14 de mayo de 2014 cambiando las palabras "expedir los reglamentos" por "proveyendo en la esfera administrativa a su exacta observancia" para regresar al modelo de la Constitución Federal que finalmente se refiere en ambos casos al área administrativa.

> Artículo 51.- Son facultades y obligaciones del Gobernador:
>
> I.- Promulgar y ejecutar las leyes y decretos que expida el Congreso del Estado, proveyendo en la esfera administrativa a su exacta observancia;

Su artículo 53 establece el refrendo del titular de la dependencia que despache los acuerdos, órdenes y disposiciones del Gobernador, por lo que en el caso concreto el refrendo se refiere únicamente a actos del Gobernador en forma clara.

> Artículo 53.- Todos los reglamentos, decretos, acuerdos y órdenes que dicte y suscriba el Gobernador deberán estar firmados también por el Titular de la Dependencia a que el asunto corresponda. Sin este requisito no serán obedecidos.

2.3.28 Estado de Tamaulipas.[184]

Su Constitución se publicó el 27 de enero de 1921, su artículo 58 que contiene sesenta y cuatro fracciones le faculta a reglamentar en materia de beneficencia pública en su fracción XXXIX, por lo que comparte la facultad reglamentaria, aunque respecto de su ley no establece en forma expresa que pueda reglamentar la misma o que el Gobernador carezca del veto o no se requiera su promulgación. Nos llama la atención que su fracción XVI establezca la facultad de reclamar ante el Congreso de la Unión cuando consideren que una ley general ataca a su soberanía, independencia o a la Constitución Federal ya que en todo caso deben de plantear una acción de Controversia Constitucional prevista en el artículo 105 fracción I de la constitución Política de los Estados Unidos Mexicanos.

> Artículo 58.- Son facultades del Congreso:
>
> XVI.- Reclamar ante el Congreso de la Unión cuando alguna Ley General constituya un ataque a la soberanía o independencia del Estado o a la Constitución Federal;
>
> XXVI.- Expedir la ley sobre la organización y funcionamiento internos del Congreso;
>
> XXXIX.- Estimular la beneficencia pública, reglamentarla para que llene sus fines y para que estén debidamente asegurados sus bienes;

Como se ha mencionado, más que reclamar al Congreso de la Unión cuando consideren que una ley general ataca su soberanía, lo procedente es acudir a la Corte promoviendo una Controversia Constitucional en contra de una norma general relativa a su constitucionalidad y por tratarse de un conflicto entre

---

184 Visible en: http://po.tamaulipas.gob.mx/wp-content/uploads/2020/06/Const Politica.pdf Consulta 10 de junio de 2020 a las 23:28 horas.

la Federación (Congreso de la Unión) y un Estado. En su parte conducente, el artículo 105 de la Constitución Política de los Estados Unidos Mexicanos Establece:

> Artículo 105.- La Suprema Corte de Justicia de la Nación conocerá, en los términos que señale la ley reglamentaria, de los asuntos siguientes:
>
> I.- De las controversias constitucionales que, sobre la constitucionalidad de las normas generales, actos u omisiones, con excepción de las que se refieran a la materia electoral, se susciten entre:
>
> a).–La Federación y una entidad federativa;[185]

Por su parte, el artículo 91 fracción V de su Constitución establece entre las facultades y obligaciones del Gobernador las correspondientes a promulgar, publicar, cumplir y hacer cumplir las leyes y decretos del Congreso, reglamentos, circular y demás determinaciones del Poder Judicial, Ayuntamientos y Organismos Autónomos de los Poderes y proveer en la esfera administrativa a su exacta observancia, por lo que cambiando la redacción, pero con la misma fórmula del artículo 89 fracción I de la constitución Federal otorga la facultad reglamentaria, aunque al final del texto expresa también que deberá expedir los reglamentos y demás disposiciones respectivas.

> ARTÍCULO 91.- Las facultades y obligaciones del Gobernador son las siguientes:
>
> V.- Cumplir y hacer cumplir la Constitución Política del Estado, las leyes y decretos del Congreso, los acuerdos, reglamentos, circulares y demás determinaciones que expidan el Poder Judicial, los Ayuntamientos y los organismos autónomos de los Poderes debiendo promulgar y mandarlos publicar en el órgano institucional, de carácter único, permanente e interés público del Gobierno Constitucional del Estado, para su aplicación y ob-

---

185 Constitución Política de los Estados Unidos Mexicanos. Última reforma 06 de marzo de 2020. Visible en: http://www.diputados.gob.mx/LeyesBiblio/index.htm

> servación debidas; asimismo, proveer en la esfera administrativa cuanto fuere necesario a su exacta observancia, expidiendo los reglamentos y demás disposiciones respectivas;

Su artículo 95 establece el refrendo respecto de decretos, reglamentos, acuerdos, circulares, órdenes y disposiciones que dicte el Gobernador, incluyendo que los documentos que firme en ejercicio de sus funciones deberán ir suscritos también por el Secretario general para que tengan valor, el problema puede estar en no señalarse diferencia expresa respecto de los decretos promulgatorios de leyes.

> ARTÍCULO 95.- Los Decretos, Reglamentos, Acuerdos, Circulares, Ordenes y disposiciones que dicte el Gobernador, así como los documentos que suscriba en ejercicio de sus funciones constitucionales, deben ser firmados por el Secretario General, sin este requisito no surtirán efectos legales.

Con el debido respeto consideramos que esta Constitución merece una revisión y actualización ya que además de la observación hecha respecto de la acción de inconstitucionalidad encontramos varias cuestiones que deben ser sujetas de dicha revisión y actualización.

2.3.29 Estado de Tlaxcala.[186]

La Constitución del Estado de Tlaxcala fue publicada los días 2, 9, 16, 23 y 30 de octubre, 6 y 20 de noviembre, 4 y 11 de diciembre de 1918. Su artículo 54 se refiere a las facultades del Congreso y su fracción XLVI le faculta a expedir las leyes que regulen su estructura y funcionamiento internos, aunque no establece la imposibilidad del veto y que no necesiten ser promulgadas como en el caso de otros Estados.

---

[186] Visible en: https://congresodetlaxcala.gob.mx/wp-content/uploads/2019/05/CONSTITUCION-LOCAL.pdf Consulta 14 de junio de 2020 a las 19:45 horas.

Artículo 54.- Son facultades del Congreso:

XLVI. Expedir las Leyes que regulen su estructura y funcionamiento internos;

Nos llamó mucho la atención que la fracción X de dicho artículo 54 le faculte para analizar la constitucionalidad de acuerdos de los Ayuntamientos y revocarlos cuando los consideren contrarios a la Constitución Federal, Estatal, a cualquier otra ley o lesionen los intereses municipales. Consideramos que se trata de una invasión de funciones.

X. Revocar los acuerdos de los Ayuntamientos cuando sean contrarios a la Constitución Política de los Estados Unidos Mexicanos, a la del Estado, a cualquiera otra Ley o lesionen los intereses municipales;

Su Gobernador está facultado para reglamentar en su artículo 70 fracción II que expresamente señala: "...reglamentar y proveer en la esfera administrativa...", lo que lo lleva al área administrativa exclusivamente, además de que no solamente utiliza la fórmula de la Constitución Federal en cuanto al uso de proveer, sin qu ese requiera interpretación alguna faculta expresamente a reglamentar.

Artículo 70.- Son facultades y obligaciones del Gobernador:

II. Sancionar, promulgar, publicar y ejecutar las Leyes o Decretos que expida el Congreso, así como reglamentar y proveer en la esfera administrativa lo necesario a su exacto cumplimiento;

En cuanto al refrendo, su artículo 69 lo establece a favor del Secretario de Gobierno y en su ausencia al Oficial Mayor y el Secretario del ramo al que corresponda el asunto, respecto de reglamentos, decretos y acuerdos del gobernador.

Artículo 69.- El Secretario de Gobierno, o a falta de éste el Oficial Mayor y el Secretario del Ejecutivo a cuyo ramo corresponda el asunto, firmarán los Reglamentos, Decretos y Acuerdos que el Gobernador diere en uso de sus facultades y sin este requisito no serán obedecidos.

2.3.30 Estado de Veracruz.[187]

Su Constitución fue publicada el 25 de septiembre de 1917 y por cuanto al Congreso su artículo 33 fracción V le faculta a darse o emitir su Ley Orgánica y demás normatividad interior, lo que en nuestra opinión incluye los reglamentos al referirse a "normatividad interior", sin necesidad de promulgación del ejecutivo.

> Artículo 33. Son atribuciones del Congreso:
>
> V. Darse su Ley Orgánica, y la demás normatividad interior necesaria para el adecuado desarrollo de sus funciones, las que no requerirán de la promulgación del Ejecutivo para tener vigencia;

Resaltamos que la fracción II del artículo 33 antes citado señala como atribución del Congreso dar la interpretación auténtica de las leyes y decretos, al estilo de un organismo concentrado de control constitucional, lo que consideramos es una invasión de facultades, ya que la interpretación de las normas corresponde al poder judicial y muy en especial a la Corte Suprema, por lo que esta fracción se encuentra elaborada muy al estilo de la Constitución de Cuba, país en el cual quienes hacen la ley la interpretan, por lo que no caben acciones legales en contra de una ley como se verá al hablar de dicho país.

> II. Dar la interpretación auténtica de las leyes o decretos;

Las atribuciones del Gobernador se encuentran contenidas en el artículo 49 el cual en su fracción III le faculta para expedir reglamentos necesarios para la ejecución y cumplimiento de las leyes y decretos aprobados por el Congreso, pero en el caso concreto no limita el área para la cual se otorga dicha facultad reglamentaria, lo que puede hacer pensar que el Gobernador tiene facultad para emitir reglamentos en cualquier materia.

---

187 Visible en: http://www.ordenjuridico.gob.mx/fichaOrdenamiento.php?idArchivo=21745&ambito=estatal Consulta 15 de junio de 2020 a las 18:05 horas.

Artículo 49. Son atribuciones del Gobernador del Estado:

III. Expedir los reglamentos necesarios para la ejecución y cumplimiento de las leyes y decretos aprobados por el Congreso;

No se establece la figura del refrendo respecto de los acuerdos o reglamentos que expida el Gobernador del Estado.

2.3.32 Estado de Yucatán.[188]

La Constitución de Yucatán fue publicada en el Diario Oficial del Estado el 14 de enero de 1918, es decir antes de que cumpla un año la Constitución federal de 1917, siendo su gobernador el general Salvador Alvarado y siendo el Congreso Constitucional en funciones de Congreso Constituyente quien expide la misma; en cuanto a la limitación de la facultad reglamentaria, el Congreso del Estado puede en términos del artículo 30 que se refiere a sus facultades y atribuciones, conforme a la fracción X expedir reglamentos relativo al contingente de hombres que corresponda dar al Estado para el Ejército Nacional; Conforme a su fracción XII dar reglas de colonización; y en términos de la fracción XVII puede expedir la ley que regule su estructura y funcionamiento interno, la cual no puede ser vetada no necesita promulgación del gobernador.

Artículo 30.- Son facultades y atribuciones del Congreso del Estado:

X.- expedir los Reglamentos que correspondan para fijar y cubrir el contingente de hombres que corresponda dar al Estado para el ejército Nacional;

---

188 Visible en la página http://www.ordenjuridico.gob.mx/fichaOrdenamiento.php?idArchivo=98223&ambito=estatal Consulta 6 de mayo de 2020 a las 02:00 horas.

> XII.- dar reglas de colonización conforme a las bases que establezca el Congreso General;
>
> XVII.- Expedir y modificar la Ley que regule su estructura y funcionamiento internos. Esta Ley no podrá ser vetada ni necesita de promulgación del Ejecutivo Estatal para tener vigencia;

En forma similar a la Constitución del Estado de Veracruz su artículo 30 ya citado le faculta en la fracción V para interpretar la ley, por lo que nos estamos al comentario previamente hecho.

> V.- dar, interpretar y derogar Leyes y Decretos

Su artículo 55 se refiere a las facultades y obligaciones del Gobernador del Estado, resaltando que la fracción primera se refiere a publicar y hacer cumplir las leyes federales cuando existe un órgano encargado de su publicación que es el Diario Oficial de la Federación y que por cuanto al cumplimiento de la legislación federal solo tratándose de facultades concurrentes le corresponderá velar por su cumplimiento; la fracción segunda se refiere a promulgar, publicar y ejecutar las leyes que expida el Congreso (refiriéndose al estatal), proveer en su esfera administrativa exacta observancia, así como publicar los bandos y reglamentos que acuerden los ayuntamientos, cuando estos no cuenten con sus propios medios de difusión oficial. En consecuencia el Gobernador tiene la facultad reglamentaria únicamente en materia administrativa.

> Artículo 55.- Son facultades y obligaciones del Gobernador del Estado:
>
> I.- publicar y hacer cumplir las Leyes federales;
>
> II.- promulgar, publicar y ejecutar las leyes que expida el Congreso, proveer en su esfera administrativa, exacta observancia. Publicar los bandos y reglamentos que acuerden los ayuntamientos, siempre y cuando, éstos no cuenten con sus propios órganos de difusión oficial;

El refrendo se contiene en el artículo 60 de su Constitución que lo extiende a las iniciativas de leyes y decretos del Gobernador, además de los reglamentos y acuerdos que deberán ser autorizados por los titulares de las dependencias correspondientes para que sean obligatorias, sin embargo, es importante anotar que las iniciativas de leyes y decretos no son actos obligatorios para el ciudadano, son solo actos administrativos por medio del cual el Gobernador realiza un planteamiento jurídico (modificación, creación o extinción de una norma general), y en todo caso, la norma debe contemplar que no serán discutidos por el Congreso del Estado, pero no hablar de una falta de obligatoriedad, ya que reiteramos, no son normas obligatorias, de hecho no son normas aún y tal vez nunca lo sean.

> Artículo 60.- Todas las iniciativas de Leyes y Decretos así como los reglamentos y acuerdos que el Ejecutivo formule, promulgue o expida, para que sean obligatorios deberán estar firmados por éste y por los titulares de las dependencias que establezca el Código de la Administración Pública de Yucatán, sin este requisito no serán válidos.

2.3.32 Estado de Zacatecas.[189]

La Constitución de Zacatecas fue publicada el 11 de julio de 1998. Conforme a su artículo 65 fracción II, el congreso puede expedir su Ley Orgánica y su Reglamento Interior sin necesidad de promulgación del Gobernador, por lo que en este sentido goza de la facultad reglamentaria, desde luego compartida con el Gobernador o limitada a este acto.

> Artículo 65. Son facultades y obligaciones de la Legislatura:
>
> IV. Expedir su Ley Orgánica y su Reglamento Interior, ordenar la publicación y vigencia de ambos sin la promulgación

---

[189] Visible en: http://www.ordenjuridico.gob.mx/fichaOrdenamiento.php?idArchivo=19768&ambito=estatal Consulta 25 de junio de 2020 a las 23:30 horas.

> por el Ejecutivo; así como aprobar y ejercer su presupuesto en forma autónoma;

El artículo 82 de la citada constitución se refiere a las facultades y obligaciones del Gobernador previendo su fracción II lo relativo a la publicación, promulgación y hacer cumplir las leyes y demás resoluciones de la Legislatura, y le faculta a ordenar y reglamentar en lo administrativo lo necesario para su ejecución, por lo que expresamente se refiere a la reglamentación, pero también a la materia administrativa. Por su parte la fracción VI le faculta para elaborar los reglamentos a las leyes y decretos expedidos por la Legislatura limitando a que será cuando los propios ordenamientos lo determinen, pero a continuación abre la puerta y establece la posibilidad de hacerlo cuando sean necesarios para su debida ejecución y cumplimiento,

Su artículo 85 establece el refrendo respecto de las leyes, decretos y demás disposiciones de carácter general que el Gobernador promulgue a cargo del Secretario General de Gobierno y en su caso de los titulares de las Secretarías del ramo.

2.4 La facultad reglamentaria de los municipios.

El municipio hispanoamericano hizo primero la obra de colonización y después la de engendrar Estados soberanos, concepto de gobierno colegiado de los municipios y su representación por conducto de un ayuntamiento o cabildo es algo característico de la época colonial y siguió rigiendo durante los primeros tiempos de la república subsistiendo hasta el día de hoy no solamente en Colombia como afirma Augusto Hernández,[190] también en países como México que comparte esa historia de conquista y dominio

---

190 Cfr. HERNÁNDEZ Becerra Augusto. Régimen jurídico del municipio en Colombia. En la obra: Derecho Municipal Multinacional. Coordinadora Rendón Huerta Barrera Teresita. México. 2015. Editorial Porrúa. 115 y 156.

español se tiene circunstancias similares al menos en su origen en la creación, funcionamiento y estructura de sus municipios.

En Costa Rica señala Jorge Romero, el régimen municipal es una modalidad de la descentralización territorial conforme a los artículos 169 y 170 de la Constitución Política de dicho país, expresando que la administración de los intereses y servicios locales estará a cargo de los gobiernos municipales, por medio de un cuerpo colegiado y un Alcalde, teniendo personalidad jurídica propia y potestades públicas frente a sus munícipes, actuando en forma descentralizada del gobierno de la república. Concluye que uno de los rasgos relevantes del régimen municipal es su autonomía, gozando de autonomía económica conforme a la Ley del Impuesto a los Bienes Inmuebles[191] (en parte similar a la del predial en México).

Contextualizándonos en nuestro país, podemos afirmar que el municipio es una de las formas más antigua de la organización político social a partir de la conquista española. El primer municipio fue fundado por Hernán Cortés el 22 de abril de 1519 y se denominó Villa Rica de la Veracruz, cuyo Ayuntamiento otorgó facultades legales a Cortés para realizar la conquista. A nivel constitucional la Constitución de 1824 no reguló específicamente el municipio, pero las constituciones locales lo hicieron siguiendo el ejemplo de la Constitución de Cádiz, la Constitución Centralista reguló el municipio, pero fue sometido a la rigidez del centralismo, con lo que obviamente se le otorgaron pocas atribuciones y se negó un auténtico sustento democrático. Por su parte, la Constitución de 1857 no estableció una regulación propiamente dicha del municipio, aunque hace breves referencias a él. Porfirio Díaz prácticamente hizo desaparecer el municipio al crear divisiones más amplias llamadas partidos, distritos y prefec-

---

[191] Cfr. ROMERO Pérez Jorge Enrique. El derecho municipal en Costa Rica. En la obra: Derecho Municipal Multinacional. Coordinadora Rendón Huerta Barrera Teresita. México. 2015. Editorial Porrúa. pp. 213-222.

turas a cuya cabeza figuraba un jefe político dependiente del gobernador y del gobierno central. En la etapa postrevolucionaria Carranza expidió el 26 de diciembre de 1914 el Decreto Número 8, para reformar la Constitución de 1857 (que seguía vigente y teóricamente aún continúa vigente), dicho decreto es conocido como Ley del Municipio Libre y dicho proyecto carrancista establecía que los Estados tendrían como base de su división territorial y de su organización política al municipio libre, el cual sería administrado por los Ayuntamientos de elección directa y sin autoridades intermedias entre éste y el Estado. Desafortunadamente al aprobarse el texto de la reforma constitucional de 1857 (es decir la Constitución de 1917), se aprobó la propuesta del diputado Gerzayin Ugarte y facultaron a los Estados para determinar las contribuciones que les correspondían, dicha propuesta elevada al artículo 115 fracción II le quitó autonomía económica al municipio,[192] como hasta el día de hoy.

Si bien no coincidimos con Ignacio Burgoa en el sentido de que los pueblos aborígenes que habitaron el territorio nacional, principalmente el azteca antes de la dominación española ya contaban con el fenómeno municipal, ya que consideramos que simplemente eran grupos familiares que explotaban la tierra, ya que como el mismo transcribe el *calpulli* era un consejo familiar y aún en el supuesto de ser más amplio no contaba con los elementos propios del municipio, ya que no es lo mismo estar organizados que ser un símil del municipio. Coincidimos en su afirmación de que el primer municipio que instaló Hernán Cortés fue el de Villa Rica conforme a las leyes españolas con autoridades para la administración de justicia y gobierno, señalando que dicho municipio fue creado únicamente para darle juridicidad o legitimación a su conducta frente a Diego Velázquez, gobernador de la isla de Cuba, el segundo municipio fue la Ciudad de

---

192 Cfr. CARPIZO Jorge y MADRAZO Jorge. Derecho constitucional. México. 1991. UNAM-Instituto de Investigaciones Jurídicas. Pp. 105-107.

México, en la capital azteca Tenochtitlán. Los citados municipios contaban con un órgano gubernativo llamado Ayuntamiento o Cabildo y entre sus funcionarios estaban el Corregidor o Alcalde mayor que presidía dicho cuerpo, los Alcaldes Ordinarios, los Regidores, el Procurador General, el Alguacil Mayor y el Síndico. El mencionado cuerpo tenía facultades legislativa, ejecutiva y judicial y además eran entidades estructuradas sobre una cierta base "democrática".[193]

Juan Gutiérrez coincide en lo relativo a los tiempos ya expresados y respecto de la creación del primer municipio de Villa Rica señala que Hernán Cortés, quien había estudiado un par de años latín y jurisprudencia en la Universidad de Salamanca acudió a una argucia legal para justificar sus poderes mediante la creación del primer Ayuntamiento de América; lo anterior porque esta figura, muy respetable en esa época era la fuente de poder que les daba su independencia de Diego Velázquez como coincide Burgoa, para afianzar los diversos municipios que fundó y contar con la participación del pueblo creando identidad y solidaridad dictó *Las Ordenanzas de Cortés de 1524 y 1525.* Dichas Ordenanzas otorgaban derechos y obligaciones a los municipios, aunque la facultad reglamentaria surgió años después.[194] Al respecto el artículo 321 de la Constitución de Cádiz en su parte conducente establecía: "*Artículo 321. Estará a cargo de los Ayuntamientos:–Octavo: Formar Ordenanzas municipales del pueblo y presentarlas a las Cortes para su aprobación por medio de la Diputación provincial, que*

193 Cfr. BURGOA Orihuela Ignacio. Derecho constitucional mexicano. México. 2013. Editorial Porrúa. pp. 875-880.

194 Cfr. GUTIÉRREZ Tenorio Juan Manuel. La facultad reglamentaria del municipio, límites y alcances en relación a los derechos humanos. México. 2014. Epikeia derecho y política. Revista electrónica del Departamento de Ciencias y Humanidades. Universidad Iberoamericana, León. Guanajuato. Número 25, otoño 2014. pp. 1-3.

las acompañará con su informe".[195] Como puede observarse simplemente se trataba de presentar "iniciativas" de Ordenanzas.

El texto constitucional del artículo 115 es muy extenso, por lo que solamente se transcribe literalmente la parte conducente que se relaciona con el presente estudio:[196]

> ***Artículo 115.*** *Los estados adoptarán, para su régimen interior, la forma de gobierno republicano, representativo, democrático, laico y popular, teniendo como base de su división territorial y de su organización política y administrativa, el municipio libre, conforme a las bases siguientes:*
>
> ***I.*** *Cada Municipio será gobernado por un Ayuntamiento de elección popular directa, integrado por un Presidente o Presidenta Municipal y el número de regidurías y sindicaturas que la ley determine, de conformidad con el principio de paridad. La competencia que esta Constitución otorga al gobierno municipal se ejercerá por el Ayuntamiento de manera exclusiva y no habrá autoridad intermedia alguna entre éste y el gobierno del Estado.*
>
> *Las Constituciones de los estados deberán establecer la elección consecutiva para el mismo cargo de presidentes municipales, regidores y síndicos, por un período adicional, siempre y cuando el periodo del mandato de los ayuntamientos no sea superior a tres años. La postulación sólo podrá ser realizada por el mismo partido o por cualquiera de los partidos integrantes de la coalición que lo hubieren postulado, salvo que hayan renunciado o perdido su militancia antes de la mitad de su mandato.*
>
> *Las Legislaturas locales, por acuerdo de las dos terceras partes de sus integrantes, podrán suspender ayuntamientos, declarar que éstos han desaparecido y suspender o revocar el mandato a alguno de sus miembros, por alguna de las causas graves que la ley local prevenga, siempre y cuando sus miembros hayan teni-*

---

195 FERRER Mac-Gregor Eduardo. GUERRERO Galván Luis René (editores). Derechos del pueblo mexicano, México a través de sus constituciones. Secciones primera y segunda. México. 2016. MAPorrúa. p. 143.

196 Constitución Política de los Estados Unidos Mexicanos. Última reforma 06 de marzo de 2020. Visible en: http://www.diputados.gob.mx/LeyesBiblio/index.htm. Consulta 30 de abril de 2020 a las 20:19 horas.

do oportunidad suficiente para rendir las pruebas y hacerlos ***(sic DOF 03-02-1983)*** *alegatos que a su juicio convengan.*

Si alguno de los miembros dejare de desempeñar su cargo, será sustituido por su suplente, o se procederá según lo disponga la ley.

En caso de declararse desaparecido un Ayuntamiento o por renuncia o falta absoluta de la mayoría de sus miembros, si conforme a la ley no procede que entren en funciones los suplentes ni que se celebren nuevas elecciones, las legislaturas de los Estados designarán de entre los vecinos a los Concejos Municipales que concluirán los períodos respectivos; estos Concejos estarán integrados por el número de miembros que determine la ley, quienes deberán cumplir los requisitos de elegibilidad establecidos para los regidores;

II. *Los municipios estarán investidos de personalidad jurídica y manejarán su patrimonio conforme a la ley.*

Los ayuntamientos tendrán facultades para aprobar, de acuerdo con las leyes en materia municipal que deberán expedir las legislaturas de los Estados, los bandos de policía y gobierno, los reglamentos, circulares y disposiciones administrativas de observancia general dentro de sus respectivas jurisdicciones, que organicen la administración pública municipal, regulen las materias, procedimientos, funciones y servicios públicos de su competencia y aseguren la participación ciudadana y vecinal.

El objeto de las leyes a que se refiere el párrafo anterior será establecer:

a) *Las bases generales de la administración pública municipal y del procedimiento administrativo, incluyendo los medios de impugnación y los órganos para dirimir las controversias entre dicha administración y los particulares, con sujeción a los principios de igualdad, publicidad, audiencia y legalidad;*

b) *Los casos en que se requiera el acuerdo de las dos terceras partes de los miembros de los ayuntamientos para dictar resoluciones que afecten el patrimonio inmobiliario municipal o para celebrar actos o convenios que comprometan al Municipio por un plazo mayor al periodo del Ayuntamiento;*

c) *Las normas de aplicación general para celebrar los convenios a que se refieren tanto las fracciones III y IV de este artículo,* *como el segundo párrafo de la fracción VII del artículo 116 de esta Constitución;*

***d)** El procedimiento y condiciones para que el gobierno estatal asuma una función o servicio municipal cuando, al no existir el convenio correspondiente, la legislatura estatal considere que el municipio de que se trate esté imposibilitado para ejercerlos o prestarlos; en este caso, será necesaria solicitud previa del ayuntamiento respectivo, aprobada por cuando menos las dos terceras partes de sus integrantes; y*

***e)** Las disposiciones aplicables en aquellos municipios que no cuenten con los bandos o reglamentos correspondientes.*

Las legislaturas estatales emitirán las normas que establezcan los procedimientos mediante los cuales se resolverán los conflictos que se presenten entre los municipios y el gobierno del estado, o entre aquéllos, con motivo de los actos derivados de los incisos c) y d) anteriores;

***III.** Los Municipios tendrán a su cargo las funciones y servicios públicos siguientes:*

***a)** Agua potable, drenaje, alcantarillado, tratamiento y disposición de sus aguas residuales;*

***b)** Alumbrado público.*

***c)** Limpia, recolección, traslado, tratamiento y disposición final de residuos;*

***d)** Mercados y centrales de abasto.*

***e)** Panteones.*

***f)** Rastro.*

***g)** Calles, parques y jardines y su equipamiento;*

***h)** Seguridad pública, en los términos del artículo 21 de esta Constitución, policía preventiva municipal y tránsito; e*

***i)** Los demás que las Legislaturas locales determinen según las condiciones territoriales y socio-económicas de los Municipios, así como su capacidad administrativa y financiera.*

Sin perjuicio de su competencia constitucional, en el desempeño de las funciones o la prestación de los servicios a su cargo, los municipios observarán lo dispuesto por las leyes federales y estatales.

Los Municipios, previo acuerdo entre sus ayuntamientos, podrán coordinarse y asociarse para la más eficaz prestación de los servicios públicos o el mejor ejercicio de las funciones que les correspondan.

En este caso y tratándose de la asociación de municipios de dos o más Estados, deberán contar con la aprobación de las legislaturas de los Estados respectivas. Así mismo cuando a juicio del ayuntamiento respectivo sea necesario, podrán celebrar convenios con el Estado para que éste, de manera directa o a través del organismo correspondiente, se haga cargo en forma temporal de algunos de ellos, o bien se presten o ejerzan coordinadamente por el Estado y el propio municipio;

Las comunidades indígenas, dentro del ámbito municipal, podrán coordinarse y asociarse en los términos y para los efectos que prevenga la ley.

IV. ...

***V.** Los Municipios, en los términos de las leyes federales y Estatales relativas, estarán facultados para:*

***a)** Formular, aprobar y administrar la zonificación y planes de desarrollo urbano municipal;*

***b)** Participar en la creación y administración de sus reservas territoriales;*

***c)** Participar en la formulación de planes de desarrollo regional, los cuales deberán estar en concordancia con los planes generales de la materia. Cuando la Federación o los Estados elaboren proyectos de desarrollo regional deberán asegurar la participación de los municipios;*

***d)** Autorizar, controlar y vigilar la utilización del suelo, en el ámbito de su competencia, en sus jurisdicciones territoriales;*

***e)** Intervenir en la regularización de la tenencia de la tierra urbana;*

f) Otorgar licencias y permisos para construcciones;

g) Participar en la creación y administración de zonas de reservas ecológicas y en la elaboración y aplicación de programas de ordenamiento en esta materia;

h) Intervenir en la formulación y aplicación de programas de transporte público de pasajeros cuando aquellos afecten su ámbito territorial; e

i) Celebrar convenios para la administración y custodia de las zonas federales.

En lo conducente y de conformidad a los fines señalados en el párrafo tercero del artículo 27 de esta Constitución, expedirán los reglamentos y disposiciones administrativas que fueren necesarios.

Los bienes inmuebles de la Federación ubicados en los Municipios estarán exclusivamente bajo la jurisdicción de los poderes federales, sin perjuicio de los convenios que puedan celebrar en términos del inciso i) de esta fracción;

***VI.** …*

***VII.** …*

***VIII.** …*

Conforme a este artículo los Estados adoptarán el municipio libre. Pero ¿qué es este municipio libre? Laura Rojas nos señala que desde la redacción original de dicho artículo 115, el municipio libre fue concebido como la base de la división territorial y de la organización política y administrativa de los Estados, que a reforma del 3 de febrero de 1983 tendiente a robustecer al municipio y al mismo tiempo al sistema federal y modificar la tendencia centralizadora que había permanecido hasta entonces (que nos atrevemos a señalar que nuevamente invade nuestro sistema legal) fue trascendental. Así también, la reforma del 17 de marzo de 1987 que derogó las fracciones VIII, IX y X del 115 y las reubicó en el 116 y finalmente la de 23 de diciembre de 1999 que modificó el texto de la fracción primera, cambiando "cada municipio será *administrado* por un Ayuntamiento de elección popular directa" por "cada municipio será gobernado por un Ayuntamiento de elección popular directa", detonó jurídicamente a los municipios ya que con ello el Pleno de la Suprema Corte de Justicia de la Nación al resolver la Controversia Constitucional 14/2001 reconoció la existencia de un orden jurídico municipal como resultado de una evolución progresiva del municipio y la consolidación de sus facultades.[197]

Por su parte, Teresita Rendón al hablar de los municipios y la facultad reglamentaria señala que en el derecho mexicano, la potestad reglamentaria es la facultad de crear normas jurídicas de carácter general e impersonal, que legalmente se atribuye al titular del poder ejecutivo (estatal o federal) y a los municipios por conducto de sus ayuntamientos, que dicha potestad reglamentaria, que es una de las que corresponden a las autoridades administrativa ya citadas y que se traduce en la expedición de reglamentos y acorde a la división de poderes, es una función materialmente legislativa, pero formalmente administrativa y consiste esencialmente en la creación de una situación jurídica general, impersonal y objetiva y en el caso específico de los ayuntamientos está prevista en la fracción II del artículo 115 constitucional, y concluye que reglamentar significa literalmente, conjunto de reglas o preceptos que expide la autoridad competente para la ejecución de una ley o para el régimen de una corporación, una dependencia o un servicio.[198]

Lanz Duret considera que una de las más importantes y trascendentales reformas a la Constitución de 1857 que se establecieron en la de 1917 fue establecer el municipio en los Estados

---

197 Cfr. ROJAS Zamudio Laura Patricia. Artículo 115. En la obra: Constitución Política de los Estados Unidos Mexicanos comentada. Coordinador COSSÍO Díaz José Ramón. México. 2017. Editorial Tirant Lo Blanch. pp. 1856-1857.

198 Cfr. RENDÓN Huerta Barrera Teresita. Teoría y técnica de la reglamentación municipal en México. México. 2014, Editorial Porrúa. pp. 7-11 y 62.

sin posibilidad de que los mismos puedan decidir no tenerlos como base de división territorial y de organización política y administrativa, expresando que si bien la Constitución de 1857 no se oponía a los municipios si otorgaba libertad en ese sentido a los Estados, expresando que toda vez que no había en forma imperativa la implantación del municipio esto trajo el caciquismo por el excesivo poder del gobernador, sobre el particular nos atrevemos a afirmar que sería necesario estudios profundos de antropología para sostener dicha hipótesis, sin embargo si resulta relevante su afirmación en cuanto a la obligatoriedad del municipio.[199]

Con respecto a esta facultad reglamentaria municipal que resulta muy limitada, consideramos importante citar dos Jurisprudencias emitidas por el Pleno de la Suprema Corte de Justicia de la Nación con los rubros: "FACULTAD REGLAMENTARIA MUNICIPAL. SUS LÍMITES" y "MUNICIPIOS. CONTENIDO Y ALCANCE DE SU FACULTAD REGLAMENTARIA", con números de registros 187983 y 176929 respectivamente. La primera señala que los Ayuntamientos están facultados para expedir los Bandos de Policía y Buen Gobierno, los reglamentos, circulares y disposiciones administrativas de observancia general dentro de sus respectivas jurisdicciones, pero que deben respetar ciertos imperativos, por lo que no pueden oponerse a la Constitución General ni a las de los Estados, así como tampoco a las leyes federales o estatales, deben adecuarse a las Bases Normativas que emitan las legislaturas de los Estados y deben versar sobre materias o servicios que le correspondan legal o constitucionalmente a los Municipios.

199 Cfr. LANZ Duret Miguel. El municipio (1931-1957). En la obra: México y la Constitución de 1917, doctrina constitucional mexicana. FLORES Imer editor y compilador. México. 2016. Secretaría de Cultura. Instituto Nacional de Estudios Históricos de las Revoluciones de México. pp. 467-468.

Por su parte la segunda Jurisprudencia en cita señala que los municipios pueden expedir dos tipos de normas reglamentarias a saber: a) el reglamento tradicional de detalle de las normas similar a los derivados del artículo 89 fracción I constitucional y de los expedidos por los Gobernadores, respetando el principio de subordinación jerárquica; y b) los reglamentos derivados de la fracción II del artículo 115 constitucional, es decir para aprobar, de acuerdo con las leyes en materia municipal que expidan las legislaturas estatales sus Bandos de Policía y Buen Gobierno, los Reglamentos, Circulares y Disposiciones Administrativas de observancia general dentro de sus respectivas jurisdicciones, ello para organizar su administración, regular las materias, procedimientos, funciones y servicios públicos de su competencia y que aseguren la participación ciudadana y vecinal es decir de carácter administrativo, lo cual a decir de la Corte permite que los municipios sean iguales en lo que es consustancial a todos, pero con derecho a ser distintos atendiendo a sus características sociales, económicas biogeográficas, poblacionales, culturales y urbanísticas.

Para finalizar el tema de los municipios, podemos observar como se ha señalado previamente que no todos los Estados tienen la misma extensión territorial, ni el mismo número de municipios.[200] A lo anterior podemos agregar la dimensión territorial de los municipios, encontrando que el municipio de Ensenada en Baja California es el de mayor extensión territorial con 53 mil kilómetros cuadrados y el más pequeño es del Estado de Oaxaca (lógico) con una extensión de 2.2 kilómetros cuadrados, es decir más pequeño que la primera sección de Bosque de Chapultepec, la cual se de 2.4 kilómetros cuadrados, señalando Germán Castro que juntando este municipio con otros dos (también de Oaxaca) de nombres Santa Cruz Amilpas y Santa Inés Yatzeche, estos caben en la ciudad Universitaria de la Universidad Nacional

200 Vid infra 2.3.6 Estado de Chihuahua y 2.3.20 Estado de Oaxaca.

Autónoma de México que tiene una extensión de 7 kilómetros cuadrados,[201] sin abundar sobre el tema solamente nos preguntamos y les preguntamos ¿Acaso estos municipios cuentan con todo lo necesario para ser considerados como tales?, ¿Es válido, legal y funcional un municipio sin policía, sin bomberos, sin hospitales, etcétera?.

---

201 Cfr. CASTRO Germán. El equívoco promedio municipal. Nexos, blog de redacción. Septiembre de 2019. Visible en https://redaccion.nexos.com.mx/?p=10839#:~:-text=Ensenada%2C%20uno%20de%20los%20cinco,m%C3%A1s%20grande%20de%20todo%20M%C3%A9xico. Consulta 12 de agosto de 2020 a las 22:08 horas.

Capitulo tercero

BREVE ANÁLISIS DE LA FACULTAD REGLAMENTARIA EN OTROS PAÍSES

Al tratar de hacer un breve análisis respecto de legislaciones de otros países no podemos dejar de citar a Silvia Bagni quien expresa: "...La ciencia jurídica comparada nunca se ha detenido, desde su nacimiento en 1900 hasta hoy, a cuestionar y reflexionar sobre su propio fundamento metodológico y epistemológico...".[202] Desde luego siempre hay nuevos retos para el derecho comparado.

3.1 Estados Unidos.

Como se ha comentado previamente en los antecedentes, la Constitución de los Estados Unidos establece en su artículo II, Sección 1, Cláusula 1. "*The executive Power shall be vested in a President of the United States of America. He shall hold his Office during the Term of four years and, together with the Vice President, chosen for the same Term, be elected, as follows.*" (El Poder Ejecutivo estará integrado por un Presidente de los Estados Unidos de América. El mantendrá el encargo por el término de cuatro años, y, junto con el vicepresidente, electos para el mismo término, como sigue) Por otra parte, la Sección 3 señala en su primer párrafo parte final :"...*he shall take Care that the Laws be faithfully executed...* " (Él se encargará que las leyes se ejecuten fielmente)[203], con lo an-

---

202 BAGNI Silvia. Justicia constitucional comparada. México. 2014. Editorial Porrúa. P. 18.

203 Traducción propia.

terior queda autorizado para ejercer la facultad reglamentaria conforme a la Corte de ese país y respecto a la supremacía constitucional y consecuentemente que sus actos *lato sensu* deben ser apegados a la constitución ya fue previamente analizado.

Su facultad reglamentaria comúnmente es conocida como la expedición de órdenes ejecutivas, más que reglamentos.

Consecuentemente, al no haber nueva Constitución el dicho país y no haberse reformado los artículos antes citados (enmiendas como le llaman en Estados Unidos), resulta aplicable lo ya señalado al referirnos a la Constitución de 1787.[204]

3.2. España.

Conforme a su artículo primero Constitucional,[205] el Estado español es una monarquía parlamentaria, siendo que su artículo 9° se refiere a la supremacía constitucional y resultando notable que su artículo 20 garantice la libertad de cátedra.

Su artículo 56 establece que el Rey es el jefe de Estado y símbolo de su unidad y permanencia, con la más alta representación del Estado Español en las relaciones internacionales, su persona es inviolable y además no está sujeta a responsabilidad ya que tiene como protección el refrendo del que ya hemos hablado previamente expresando que sus actos estarán siempre refrendados, careciendo de validez sin dicho refrendo, el antiguo "obedézcase y no se cumpla", es decir reconocer la autoridad de su emisor (el rey), pero no aplicar por carecer del refrendo.

Su Gobierno está formado por un Presidente, Vicepresidentes, Ministros (Secretarios) y demás miembros que establezca la

---

204 Vid Supra. 1.2.1 Estados Unidos de América.

205 Constitución Española. Visible en: https://www.senado.es/web/conocersenado/normas/constitucion/detalleconstitucioncompleta/index.html#t4 Consulta 8 de septiembre de 2020 a las 16:05 horas.

ley conforme a su artículo 98 y la facultad reglamentaria se encuentra concedida a dicho Gobierno, que no al Presidente en su artículo 82, dice tal numeral que las Cortes podrán delegar en el Gobierno la potestad de dictar normas con rango de ley sobre materias determinadas excepto las orgánicas y las electorales. Además, limita dicha delegación al establecer que la misma debe ser mediante una "ley de bases" cuando su objeto sea la formación de textos legales con artículos o reunir varios textos legales en uno solo, contrario al derecho mexicano, la delegación debe ser expresa, para una materia concreta y por un tiempo determinado para su ejercicio. La delegación queda agotada mediante su uso y publicación de la norma correspondiente y no podrá subdelegarse.

3.3 Chile.

Su Constitución[206] en el artículo 6° establece la supremacía Constitucional al prever que los órganos del Estado deben someter su acción a la misma y a las normas dictadas conforme a esta. Su artículo 32 establece no solamente la facultad reglamentaria expresamente en su fracción sexta, que se refiere a la misma respecto de las materias que no sean propias del dominio legal, es decir leyes, sin perjuicio de dictar los demás reglamentos, decretos e instrucciones que crea convenientes para la ejecución de las leyes y previamente la fracción tercera de dicho artículo le faculta para que con la previa delegación del Congreso ejerza la facultad de emitir decretos con fuerza de ley, es decir de legislar con las reservas de la Constitución. Como podemos observar es muy grande el poder que se otorga al Presidente con independencia de las demás facultades, además de no limitarse dicha facultad al área administrativa, al menos no expresamente.

---

206 Constitución Política de Chile. Visible en: https://www.senado.cl/constitucion-politica-capitulo-i-bases-de-la-institucionalidad/senado/2012-01-16/093048.html Consulta 09 de septiembre de 2020 a las 10:00 horas.

Su artículo 45 establece que los tribunales de justicia no pueden calificar los fundamentos ni las circunstancias de hecho que invoque el gobierno para decretar estados de excepción como lo son el estado de asamblea en caso de guerra interior, el de catástrofe y el de emergencia previstos en los artículos 40, 41 y 42 de su Constitución.

Continuando con el poder del Presidente, las reformas constitucionales se harán por las Cámaras con la aprobación del Presidente, por lo que ponemos en duda la rigidez de la Constitución. En el caso de que no apruebe total o parcialmente las reformas constitucionales, regresarán a las Cámaras y si estas insisten con dos terceras partes de los votos el Presidente puede nuevamente negarse a promulgar la reforma y lo someterá a plebiscito, en resumen, encontramos un poder excesivo del Ejecutivo.

3.4 Argentina.

El artículo 99 de su Constitución[207] establece expresamente la facultad de expedir reglamentos y señala además que sean necesarias para le ejecución de las leyes de la nación, pero le limita a que debe cuidar no alterar el espíritu de dichas leyes con excepciones reglamentarias. Así también establece en forma tajante que no podrá en ningún caso y bajo pena de nulidad que será absoluta e insanable, emitir disposiciones de carácter legislativo, por lo que queda plenamente establecido que no se le puede delegar dicha facultad por el Congreso, salvo casos excepcionales y su Corte no deberá pretender que el citado Congreso agotó su labor legislativa y el Presidente puede continuar con la norma.

Su artículo 31 establece expresamente la supremacía constitucional y que las autoridades de cada provincia están obligadas a actuar de conformidad con la misma, pero señala una salvedad para la provincia de Buenos Aires, por lo que en apariencia no

---

207 Visible en: https://www.congreso.gob.ar/constitucionNacional.php

existe supremacía respecto de la misma; su artículo 43 se refiere a la interposición del juicio de Amparo en contra de actos arbitrarios o ilegales que afecten los derechos y garantías reconocidos por la Constitución, un tratado o una ley, en el caso de libertad personal será el Habeas Corpus, por lo que con el citado Amparo consideramos se tutela la protección constitucional, es decir los medios de defensa de la Constitución.

Su Constitución es rígida, ya que si bien puede reformarse con el voto de las dos terceras partes del Congreso, su artículo 30 también establece la necesidad de una convención, aunque no específica como se llevará la misma, por lo que esto consideramos debe encontrarse en leyes secundarias.

Nos llaman la atención los artículos 22 y 25, el primero en lo relativo a que ninguna reunión de personas (no armada) puede atribuirse derechos del pueblo y ejercer el derecho de petición a nombre de éste, ya que se estaría cometiendo el delito de sedición y el segundo por cuanto en una forma que consideramos discriminatoria señala que el Gobierno Federal fomentará la migración europea, sin embargo al escuchar la declaración de su presidente Alberto Fernández en junio de 2021 al recibir en la Casa Rosada al Jefe de Gobierno Español Pedro Sánchez y afirmar que "Los mexicanos salieron de los indios, los brasileiros de la selva, pero nosotros los argentinos llegamos en los barcos y eran barcos que venían de allí, de Europa...". Nos queda clara la forma de pensar oficial y popular de Argentina.[208]

[208] Visible en: https://www.youtube.com/watch?v=GsT9esW8xAY

3.5 Cuba.

El artículo 7 de su Constitución[209] establece la supremacía constitucional, incluso sobre los tratados internacionales que haya suscrito conforme al artículo siguiente; a diferencia de los otros países ya analizados, tiene un órgano Supremo del Poder del Estado que se denomina Asamblea Nacional del Poder Popular conforme a su artículo 102, tiene la potestad constituyente y legislativa, por lo que es quien legisla y modifica la Constitución; dicho poder supremo concentra las facultades de los tradicionales tres poderes, ya que es quien los puede nombrar y remover conforme a su artículo 108 y se integra por los diputados electos.

Desde luego consideramos que no existe rigidez de su Constitución, ya que dicho órgano la puede modificar, además de interpretar la misma y ejercer un "control de constitucionalidad"; no existen propiamente facultades del poder judicial o de un órgano distinto para resolver sobre la constitucionalidad de alguna norma, por lo que nos atrevemos a señalar que es un estado totalitario.

---

209 Visible en: http://www.cuba.cu/gobierno/NuevaConstitucion.pdf

Capítulo cuarto

LOS PRINCIPIOS A LA FACULTAD REGLAMENTARIA

4.1 Los límites de la facultad reglamentaria del Presidente de la República.

Las normas expedidas por el Presidente de la República deben ajustarse a lo dispuesto por la Constitución, sin embargo, es de hacer notar que también deben ser acordes con los tratados internacionales suscritos por él mismo y ratificados por el Senado, existe a nivel internacional las llamadas normas imperativas de derecho internacional o ius cogens internacional que a decir de Santiago Corcuera son normas que no admiten acuerdo en contrario, por lo que tanto la legislación como obviamente los reglamentos deben de ajustarse a estas. No debemos olvidar que la Declaración Universal de Derechos Humanos adoptada por resolución de la Asamblea General de las Naciones Unidas el 10 de diciembre de 1948 reconoce diversos derechos inherentes a la persona humana que deben ser respetados por toda la legislación nacional de nuestro país entre las que se encuentran el derecho a la vida, a la integridad corporal, a la igualdad ante la ley, a la no discriminación, a la vida privada, a la libertad tanto física como de conciencia, prohibición de la esclavitud, libertad de tránsito, religiosa y de opinión, así como de reunión y asociación, la certeza jurídica y acceso a recursos jurídicos efectivos (nos permitimos agregar también que la primera condena internacional que tuvo nuestro país fue en el caso Castañeda, cuando se aplicó a México por la falta de un recurso jurídico efectivo para poder impugnar la negativa a su registro como candidato independiente), al asilo, a la nacionalidad, al matrimonio libre, a la propiedad, a la participación en los asuntos políticos, a la seguridad social, al trabajo, al descanso, a un nivel de vida adecuado, a la educación y a la cultura.[210]

Al hablar de los límites de la facultad reglamentaria y su control, como ya habíamos citado al hablar de las primeras constituciones Guillaume Tusseau nos señala que no deben dividirse simplemente en sistema concentrado y sistema difuso de control de constitucionalidad, México en sus inicios tuvo un sistema del todo similar al de Estados Unidos en el cual solo la Suprema Corte de Justicia de la Nación podía decretar la inconstitucionalidad de una norma *lato sensu* y en el caso que nos ocupa la inconstitucionalidad de un reglamento o norma expedida por el Presidente de la república como ya se ha visto al analizar las constituciones que ha tenido México.

Desde luego, en la actualidad, si el citado reglamento invade esfera de competencia de otra autoridad procede la Controversia Constitucional prevista actualmente en la fracción I del artículo 105 Constitucional, cuando se trata de conflictos entre: a) La Federación y una entidad federativa; b) La Federación y un Municipio; c) El Ejecutivo y el congreso o cualquiera de sus Cámaras o Comisión Permanente; c) Entre dos entidades federativas; g) entre dos municipios de diversos Estados; h) Dos poderes de una misma entidad federativa; i) un Estado y uno de sus municipios; j) Una entidad federativa y un municipio de otra demarcación territorial; y l) Dos órganos constitucionales autónomos, uno de estos y el Poder Ejecutivo o el Congreso.[211]

Por su parte, la fracción segunda al hablar de las Acciones de Inconstitucionalidad señala que estas tendrán por objeto plantear la posible contradicción entre una norma de carácter general y la constitución, otorgando la facultad de ejercitarla a: a)

---

210 Cfr. CORCUERA Cabezut Santiago. Op. Cit. Pp. 23, 51 y 53

211 ANDRADE Sánchez, Eduardo. Constitución Política de los Estados Unidos Mexicanos comentada. Tercera Edición, México 2016. Editorial Oxford, UNAM. Pág. 269.

treinta y tres por ciento de los integrantes de la Cámara de Diputados del Congreso de la Unión, en contra de leyes federales; b) treinta y tres por ciento de los integrantes de la Cámara de Senadores del Congreso de la Unión, en contra de leyes federales y tratados internacionales celebrados por el Estado mexicano; c) El Ejecutivo Federal, en contra de normas generales federales y de las entidades federativas; d) treinta y tres por ciento de alguna legislatura estatal, en contra de leyes de ese propio órgano; f) Los partidos políticos, en contra de leyes electorales federales o locales; g) La Comisión Nacional de Derechos Humanos, en contra de leyes federales o locales y tratados internacionales, así como los de los Estados en contra de leyes expedidas por sus correspondientes legislaturas; h) El Instituto Federal de Acceso a la Información, en contra de leyes federales y locales, así como tratados internacionales, así como los de los Estados en contra de leyes expedidas por sus legislaturas y; El Fiscal General, en contra de leyes federales o locales. Todos relacionados con el ámbito de sus funciones.

Además de las Acciones de Inconstitucionalidad y de las Controversias Constitucionales, la Suprema Corte conoce del juicio de amparo en revisión o directo haciendo uso de su facultad de atracción, en el cual solo puede desaplicar la norma inconstitucional al caso particular,[212] sin embargo, el artículo 232 de la Ley de Amparo vigente, ya faculta a la Suprema Corte a hacer una declaratoria general de inconstitucionalidad cuando a pesar de haberse realizado el aviso antes mencionado de inconstitucionalidad de la norma la autoridad emisora de la norma no la haya derogado o modificado para evitar su inconstitucionalidad. Siendo que en fecha 14 de febrero de 2019 la Suprema Corte de Justicia de la Nación decretó por primera ocasión la declaratoria general de inconstitucionalidad de una norma en el expediente

---

212 Cfr. FERRER Mac-Gregor, Eduardo. Panorámica del derecho procesal constitucional y convencional. p. 553.

6/2017 respecto del artículo 298, inciso B) fracción IV, de la Ley Federal de Telecomunicaciones y Radiodifusión.[213] Dicha declaratoria de inconstitucionalidad general se remite al Diario Oficial de la Federación para su correspondiente publicación.

Desde hace mucho tiempo hemos estado en favor de otorgar a la Corte la facultad de declarar la inconstitucionalidad de una norma con efectos *erga omnes*,[214] y en el caso concreto, al hablar de reglamentos expedidos por el poder ejecutivo federal que resulten inconstitucionales, obviamente nuestra postura es la misma.

Con respecto de las sentencias emitidas en materia de amparo, estas pueden tener efectos retroactivos (*ex-tunc*) o hacia el futuro (*ex-nunc*) y la obligatoriedad de la jurisprudencia que declara la inconstitucionalidad de una norma obtiene mayor alcance al existir la institución de la deficiencia de la queja[215] prevista en el artículo 79 fracción I de la Ley de Amparo en vigor de abril de 2013.

La Corte y sus Salas han variado su razonamiento en torno a si el Presidente de la República es el único que tiene la facultad reglamentaria en el ámbito federal o esta facultad puede delegarla o puede ser ejercida por otro órgano del poder ejecutivo, es decir si la facultad reglamentaria pertenece al Presidente de la República o pertenece al poder ejecutivo y puede ser ejercido por persona distinta del Presidente de la República.

En nuestra opinión y atendiendo al contenido del artículo 89 de la Constitución, las facultades previstas en el citado numeral son del Presidente de la República, ello en razón de que el citado artículo expresa como facultades y obligaciones del Presidente "*Promulgar y*

---

213 Visible en http://www.internet2.scjn.gob.mx/red2/comunicados/noticia.asp?id=5829 Consulta 19 de febrero de 2019 a las 15:38 horas.

214 VÁZQUEZ Flota Ignacio. Op. Cit.

215 Cfr. FERRER Mac-Gregor Eduardo. Panorámica del derecho procesal constitucional y convencional. Madrid, pp. 558 y 559.

ejecutar las leyes que expida el Congreso de la Unión, proveyendo en la esfera administrativa a su exacta observancia" misma exacta observancia de las leyes que la doctrina y la jurisprudencia han interpretado como facultad reglamentaria, es decir de crear reglamentos y normas inferiores de carácter general, lo anterior salvo que la Constitución expresamente faculte a otro ente para reglamentar.

Por lo tanto, nos permitimos señalar que salvo el caso de que la Constitución en forma expresa otorgue facultad de reglamentar a un ente distinto del Presidente (y en materia específica) los demás órganos y en especial del ejecutivo carecen de dicha facultad.

La Suprema Corte de Justicia de la Nación ha emitido varias jurisprudencias en relación a inconstitucionalidad de determinadas leyes, por lo que atendiendo a la denominada "fuerza expansiva" de la jurisprudencia encontramos que ha emitido diversas en las cuales se ha tomado en consideración la obligatoriedad de la misma para los órganos jurisdiccionales de la república, la obligación de los órganos facultados para emitir jurisprudencia de remitirlas oportunamente para su publicación al Semanario Judicial de la Federación y su Gaceta, esto en términos del artículo 195 de la Ley de Amparo anterior y 218 y 219 de la Ley de Amparo vigente a partir del 3 de abril de 2013; desde luego su publicación y la responsabilidad de las autoridades que incumplan la obligación de acatar la jurisprudencia.[216]

4.2 Los principios que limitan la facultad reglamentaria.

Desde luego consideramos que resulta conveniente y es necesario, además de motivo del presente trabajo señalar cuales son esos principios que la doctrina y la propia Corte han ex-

---

216 Cfr. FERRER Mac-Gregor, Eduardo. Panorámica del derecho procesal constitucional y convencional. Madrid, p. 341

presado como principios de la facultad reglamentaria cuyo incumplimiento obviamente debe dar paso a una declaración de inconstitucionalidad sea de una parte de la norma general expedida por el Presidente en ejercicio de dicha facultad o de toda la norma expedida.

Dicha relación, además de ser analizada, desde luego tiene como finalidad poder determinar con mayor facilidad cuando una norma reglamentaria es inconstitucional y la causa específica por la que debe ser considerada así, además del sustento para ello.

4.2.1 El principio fundamental de legalidad.

En enero de 1991 (Octava Época del Semanario Judicial de la Federación) se publicó la Jurisprudencia por reiteración de tesis del Tercer Tribunal Colegiado en Materia Administrativa del Primer Circuito que lleva por rubro: "REGLAMENTOS ADMINISTRATIVOS. SUS LIMITES", destacando que en su creación participaron quienes después serían Ministros de la Corte Genaro David Góngora Pimentel, Alberto Pérez Dayán y Norma Lucía Piña Hernández, dicha jurisprudencia corresponde a la materia administrativa ya que como se ha expresado previamente ese es el ámbito de la reglamentación,[217] el texto de la misma expresa:

> *"Mediante el ejercicio de la facultad reglamentaria, el titular del Ejecutivo Federal puede, para mejor proveer en la esfera administrativa el cumplimiento de las leyes, dictar ordenamientos que faciliten a los destinatarios la observancia de las mismas, a través de disposiciones generales, imperativas y abstractas que detallen sus hipótesis y supuestos normativos de aplicación. Sin embargo, tal facultad (que no sólo se deduce de la fracción I del artículo 89 constitucional, sino que a la vez se confirma expresamente el contenido de la fracción VIII, inciso a), del artículo 107 de la*

---

217 Vid Infra 2.2 La constitucionalidad de la facultad reglamentaria.

> *propia Carta Suprema), por útil y necesaria que sea, debe realizarse única y exclusivamente dentro de la esfera de atribuciones propia del Poder Ejecutivo, esto es, la norma reglamentaria actúa por facultades explícitas o implícitas que se precisan en la ley, siendo únicamente esa zona donde pueden y deben expedirse reglamentos que provean a la exacta observancia de aquélla y que, por ello, compartan además su obligatoriedad. De ahí que, siendo competencia exclusiva de la ley la determinación del qué, quién, dónde y cuándo de una situación jurídica general, hipotética y abstracta, al reglamento de ejecución competerá, por consecuencia, el cómo de esos mismos supuestos, por tal virtud, si el reglamento sólo encuentra operatividad en el renglón del cómo, sus disposiciones sólo podrán referirse a las otras preguntas (qué, quién, dónde y cuándo), siempre que éstas ya estén contestadas por la ley, es decir, el reglamento desenvuelve su obligatoriedad a partir de un principio definido por la ley y, por tanto, no puede ir más allá de ella, ni extenderla a supuestos distintos, ni mucho menos, contradecirla; luego entonces, la facultad reglamentaria no puede ser utilizada como instrumento para llenar lagunas de la ley, ni para reformarla o, tampoco, para remediar el olvido o la omisión. Por tal motivo, si el reglamento debe contraerse a indicar los medios para cumplir la ley, no está entonces permitido que a través de dicha facultad, una disposición de tal naturaleza otorgue mayores alcances o imponga diversas limitantes que la propia norma que busca reglamentar, por ejemplo, creando y obligando a los particulares a agotar un recurso administrativo, cuando la ley que reglamenta nada previene a ese respecto".*[218]

Luego entonces, encontramos que se limita dicha facultad a "el cómo", es decir que la determinación de determinación del qué, quién, dónde y cuándo de una situación jurídica general, hipotética y abstracta corresponde a la ley y el reglamento solamente a la forma de aplicación.

Como se expondrá a continuación, la Corte ha señalado que existe un solo principio fundamental de la facultad reglamentaria y que este es el de legalidad.

---

218 Semanario Judicial de la Federación. Registro 223611.

4.2.2 Los Principios de reserva de ley y de subordinación jerárquica.

Por la íntima relación de dichos principios marcados en diversas jurisprudencias de la Corte, estas se estudian en forma conjunta, señalando que en la Novena Época del Semanario Judicial de la Federación, la Corte ha mencionado la existencia de dos principios de la facultad reglamentaria, esto mediante Jurisprudencias 47/92 de la Segunda Sala el 25 de agosto de 1995, 29/99 de la Segunda Sala el 26 de marzo de 1999 y 122/2007 de la Primera Sala en fecha 8 de agosto de 2007, posteriormente, emitió Jurisprudencia 79/2009 del Pleno en la Controversia Constitucional 41/2006, esto con fecha 1 de julio de 2009.

La primera de dichas Jurisprudencias establece:

> "FACULTAD REGLAMENTARIA. SUS LIMITES. Es criterio unánime, tanto de la doctrina como de la jurisprudencia, que la facultad reglamentaria conferida en nuestro sistema constitucional al Presidente de la República y a los Gobernadores de los Estados, en sus respectivos ámbitos competenciales, consiste, exclusivamente, dado el principio de la división de poderes imperante en la expedición de disposiciones generales, abstractas e impersonales que tienen por objeto la ejecución de la ley, desarrollando y completando en detalle sus normas, pero sin que, a título de su ejercicio, pueda excederse el alcance de sus mandatos o contrariar o alterar sus disposiciones, por ser precisamente la ley su medida y justificación."[219]

Sobre la misma nos permitimos destacar que señala como objeto del reglamento la ejecución de la ley, desarrollando y completando a detalle sus normas, pero sin exceder del alcance de dicho mandato, contrariar o alterar sus disposiciones, es decir que no puede ir más ahí de la ley, en contra de ella o modificarla. Como se dijo previamente, el reglamento es "el cómo" de la aplicación de la ley.

---

219 Semanario Judicial de la Federación. Registro 200724.

Posteriormente se emiten dos Jurisprudencias como habíamos mencionado y estas coinciden en la existencia de dos principios a saber, el de reserva de ley y el de subordinación jerárquica y llevan los siguientes textos:

> *"FACULTAD REGLAMENTARIA DEL PRESIDENTE DE LA REPÚBLICA. PRINCIPIOS QUE LA RIGEN. Según ha sostenido este Alto Tribunal en numerosos precedentes, el artículo 89, fracción I, constitucional, faculta al presidente de la República para expedir normas reglamentarias de las leyes emanadas del Congreso de la Unión, y aunque desde el punto de vista material ambas normas son similares, aquéllas se distinguen de éstas básicamente, en que provienen de un órgano que al emitirlas no expresa la voluntad general, sino que está instituido para acatarla en cuanto dimana del Legislativo, de donde, por definición, son normas subordinadas, de lo cual se sigue que la facultad reglamentaria se halla regida por dos principios: el de reserva de ley y el de subordinación jerárquica a la misma. El principio de reserva de ley, que desde su aparición como reacción al poder ilimitado del monarca hasta su formulación en las Constituciones modernas, ha encontrado su justificación en la necesidad de preservar los bienes jurídicos de mayor valía de los gobernados (tradicionalmente libertad personal y propiedad), prohíbe al reglamento abordar materias reservadas en exclusiva a las leyes del Congreso, como son las relativas a la definición de los tipos penales, las causas de expropiación y la determinación de los elementos de los tributos, mientras que el principio de subordinación jerárquica, exige que el reglamento esté precedido por una ley cuyas disposiciones desarrolle, complemente o pormenorice y en las que encuentre su justificación y medida";*[220]

> *"FACULTAD REGLAMENTARIA DEL PRESIDENTE DE LA REPÚBLICA. PRINCIPIOS QUE LA RIGEN. La Suprema Corte de Justicia de la Nación ha sostenido que el artículo 89, fracción I, de la Constitución Política de los Estados Unidos Mexicanos, faculta al Presidente de la República para expedir normas reglamentarias de las leyes emanadas del Congreso de la Unión, y aunque desde el punto de vista material ambas normas son similares, aquéllas se distinguen de éstas, básicamente, en que provienen de un órgano que al emitirlas no*

[220] Semanario Judicial de la Federación. Registro 194159.

expresa la voluntad general, sino que está instituido para acatarla en cuanto dimana del Legislativo, de donde, por definición, son normas subordinadas, de lo cual se sigue que la facultad reglamentaria se rige por dos principios: el de reserva de ley y el de subordinación jerárquica a la misma. El principio de reserva de ley que encuentra su justificación en la necesidad de preservar los bienes jurídicos de mayor valía de los gobernados (tradicionalmente libertad personal y propiedad), prohíbe que en el reglamento se aborden materias reservadas en exclusiva a las leyes del Congreso, como son las relativas a la definición de los tipos penales, las causas de expropiación y la determinación de los elementos de los tributos, mientras que el principio de subordinación jerárquica, exige que el reglamento esté precedido por una ley cuyas disposiciones desarrolle, complemente o pormenorice y en las que encuentre su justificación y medida".[221]

Como podemos observar, la Corte señala que el principio de reserva de ley consiste en que prohíbe al reglamento abordar materias reservadas en exclusiva a las leyes del Congreso, como son las relativas a la definición de los tipos penales, las causas de expropiación, la determinación de los elementos de los tributos y nos atrevemos a señalar legislar en materia laboral, mientras que el principio de subordinación jerárquica, impone como obligación que el reglamento esté precedido por una ley cuyas disposiciones desarrolle, complemente o pormenorice y en las que encuentre su justificación y medida y que como ya hemos mencionado sin exceder del alcance de dicho mandato, contrariar o alterar sus disposiciones.

Posteriormente el Pleno de la Corte menciona el principio de legalidad como un principio fundamental del cual derivan los otros dos ya mencionados, el de reserva de ley y el de subordinación jerárquica. Dicha Jurisprudencia establece:

"FACULTAD REGLAMENTARIA DEL PODER EJECUTIVO FEDERAL. SUS PRINCIPIOS Y LIMITACIONES. La Suprema Corte ha sostenido reiteradamente que el artículo 89, fracción I, de la Constitución Federal establece la facultad reglamentaria del Poder Ejecutivo

221 Semanario Judicial de la Federación. Registro 171459.

Federal, la que se refiere a la posibilidad de que dicho poder provea en la esfera administrativa a la exacta observancia de las leyes; es decir, el Poder Ejecutivo Federal está autorizado para expedir las previsiones reglamentarias necesarias para la ejecución de las leyes emanadas por el órgano legislativo. Estas disposiciones reglamentarias, aunque desde el punto de vista material son similares a los actos legislativos expedidos por el Congreso de la Unión en cuanto que son generales, abstractas e impersonales y de observancia obligatoria, se distinguen de las mismas básicamente por dos razones: la primera, porque provienen de un órgano distinto e independiente del Poder Legislativo, como es el Poder Ejecutivo; la segunda, porque son, por definición constitucional, normas subordinadas a las disposiciones legales que reglamentan y no son leyes, sino actos administrativos generales cuyos alcances se encuentran acotados por la misma Ley. Asimismo, se ha señalado que la facultad reglamentaria del Presidente de la República se encuentra sujeta a un principio fundamental: el principio de legalidad, del cual derivan, según los precedentes, dos principios subordinados: el de reserva de ley y el de subordinación jerárquica a la misma. El primero de ellos evita que el reglamento aborde novedosamente materias reservadas en forma exclusiva a las leyes emanadas del Congreso de la Unión o, dicho de otro modo, prohíbe a la ley la delegación del contenido de la materia que tiene por mandato constitucional regular. El segundo principio consiste en la exigencia de que el reglamento esté precedido de una ley, cuyas disposiciones desarrolle, complemente o detalle y en los que encuentre su justificación y medida. Así, la facultad reglamentaria del Poder Ejecutivo Federal tiene como principal objeto un mejor proveer en la esfera administrativa, pero siempre con base en las leyes reglamentadas. Por ende, en el orden federal el Congreso de la Unión tiene facultades legislativas, abstractas, amplias, impersonales e irrestrictas consignadas en la Constitución Política de los Estados Unidos Mexicanos para expedir leyes en las diversas materias que ésta consigna; por tanto, en tales materias es dicho órgano legislativo el que debe materialmente realizar la normatividad correspondiente, y aunque no puede desconocerse la facultad normativa del Presidente de la República, dado que esta atribución del titular del Ejecutivo se encuentra también expresamente reconocida en la Constitución, dicha facultad del Ejecutivo se encuentra limitada a los ordenamientos legales que desarrolla o pormenoriza y que son emitidos por el órgano legislativo en cita".[222]

---

222 Semanario Judicial de la Federación. Registro 166655.

La Corte no define que es el principio fundamental de legalidad, por lo que nos atrevemos a suponer que es ajustarse a la ley, es decir que el reglamento se ajuste a la ley en los términos que previamente hemos expuesto y además, como lo expresa la Constitución, en materia administrativa.

La teoría se ha conformado con este principio fundamental de legalidad y sus dos derivaciones o subprincipios antes mencionadas, sin embargo, aunque tienen intima relación con los mismos, consideramos que existen otros que deben ser tomados en consideración, criterios que han sido expuestos por la propia Corte o que derivan en forma clara de la Constitución y que por no estar incluidos en el "catálogo oficial" muchas veces no son tomados en consideración y en consecuencia la Corte ha llegado a conclusiones que no consideramos acertadas, por lo que exponemos los subprincipios o principios que a continuación se explican.

4.2.3 El Principio de naturaleza administrativa.

Este principio nos parece de primordial importancia, si bien la Corte no ha realizado gran pronunciamiento al respecto consideramos que es debido a su claridad en la Constitución ya que el artículo 89 en su fracción primera otorga la facultad de reglamentar pero en nuestra opinión dicha facultad se debe limitar únicamente a la esfera administrativa por así estar dispuesto expresamente, ello implica que la facultad reglamentaria no se puede ejercer para reglamentar otras materias, como sería el caso de pretender emitir un reglamento del Código Civil Federal o del Código Federal de Procedimientos Civiles, del Código Penal Federal, etcétera en tanto no se trate de cuestiones netamente administrativas, por ejemplo en materia laboral existen diversos reglamentos (más adelante hablaremos de la pluralidad de los mismos), pero estos en nuestra opinión son válidos en tanto no invadan la esfera del Poder Legislativo, es decir en tanto se refieran a "el cómo" llevar a cabo visitas de inspección y todo lo relacionado con el cumplimiento de las normas en materia laboral, ya que esta vigilancia de su cumplimiento la realiza el ejecutivo por medio de la Secretaría del Trabajo y Previsión Social.

En la Séptima Época la Segunda Sala de la Corte emite una Jurisprudencia por reiteración de tesis, la primera el 22 de marzo y la quinta el 9 de julio, todas de 1973 que a continuación se transcribe, destacando que la misma es en materia administrativa, bajo el texto siguiente:

> "REGLAMENTOS ADMINISTRATIVOS. FACULTAD DEL PRESIDENTE DE LA REPUBLICA PARA EXPEDIRLOS. SU NATURALEZA. El artículo 89, fracción I, de nuestra Carta Magna, confiere al presidente de la República tres facultades: a) La de promulgar las leyes que expida el Congreso de la Unión; b) La de ejecutar dichas leyes; y c) La de proveer en la esfera administrativa a su exacta observancia, o sea la facultad reglamentaria. Esta última facultad es la que determina que el Ejecutivo pueda expedir disposiciones generales y abstractas que tienen por objeto la ejecución de la ley, desarrollando y complementando en detalle las normas contenidas en los ordenamientos jurídicos expedidos por el Congreso de la Unión. El reglamento es un acto formalmente administrativo y materialmente legislativo; participa de los atributos de la ley, aunque sólo en cuanto ambos ordenamientos son de naturaleza impersonal, general y abstracta. Dos características separan la ley del reglamento en sentido estricto: este último emana del Ejecutivo, a quien incumbe proveer en la esfera administrativa a la exacta observancia de la ley, y es una norma subalterna que tiene su medida y justificación en la ley. Pero aun en lo que aparece común en los dos ordenamientos, que es su carácter general y abstracto, sepáranse por la finalidad que en el área del reglamento se imprime a dicha característica, ya que el reglamento determina de modo general y abstracto los medios que deberán emplearse para aplicar la ley a los casos concretos".[223]

Como puede observarse, la Jurisprudencia antes transcrita señala en su rubro la materia administrativa y en su texto lo ya expresado

[223] Semanario Judicial de la Federación. Registro 238609.

en el sentido de que proveer en la esfera administrativa, es decir reglamentar en materia administrativa.[224]

4.2.4 El Principio de no creación de recursos o instancias adicionales.

Por citar algunos ejemplos de normas inconstitucionales, podemos encontrar que por ejemplo que el artículo 274 de la Ley del Seguro Social de 1973 establecía en su artículo 274 el recurso de Inconformidad y al respecto señalaba: “Cuando los patrones y demás sujetos obligados, así como los asegurados o sus beneficiarios consideren impugnable algún acto definitivo del Instituto, acudirán en inconformidad, en la forma y términos que establezca el reglamento, ante el Consejo Técnico, el que resolverá lo procedente. El propio reglamento establecerá procedimientos administrativos de aclaración y los términos para hacerlos valer, sin perjuicio del de inconformidad a que se refiere el párrafo anterior. Las resoluciones, acuerdos o liquidaciones del Instituto que no hubiesen sido impugnados en la forma y términos que señale el reglamento correspondiente, se entenderán consentidos”.

Mediante un acuerdo del H. Consejo Técnico del Instituto Mexicano del Seguro Social se otorgó facultades a los Consejos Consultivos de las Delegaciones para que estos conozcan de los recursos de inconformidad en el ámbito de sus competencias territoriales y se promulgó el correspondiente Reglamento del Recurso de Inconformidad, en dicho reglamento, elaborado por el Poder Ejecutivo se estableció un recurso dentro del propio Recurso de Inconformidad, este es el Recurso de Revocación, fue creado en el artículo 26 del citado Reglamento, sin embargo, el mismo resultó inconstitucional ya que fue más allá de lo previsto en la ley ya que se facultó al Presidente de la República a emitir el reglamento del recurso de inconformidad y no así a crear un

---

[224] Vid Infra 2.2 La constitucionalidad de la facultad reglamentaria.

nuevo recurso sea dentro o fuera del propio recurso de inconformidad, al respecto se emitió la siguiente jurisprudencia de la Novena Época por la Segunda Sala:

> "SEGURO SOCIAL, REGLAMENTO DEL ARTICULO 274 DE LA LEY DEL. SU ARTICULO 26 CONTRAVIENE EL ARTICULO 89, FRACCION I DE LA CONSTITUCION FEDERAL. El artículo 274 de la Ley del Seguro Social establece el recurso de inconformidad que los patrones pueden interponer ante el Consejo Técnico, en contra de algún acto definitivo del Instituto Mexicano del Seguro Social, en la forma y términos que establezca el reglamento, sin que en dicho precepto se encuentre prevista la existencia de algún otro recurso administrativo. Ahora bien, el artículo 26 del Reglamento del Artículo 274 de la Ley del Seguro Social, al establecer el recurso de revocación, introduce una instancia adicional no prevista en dicho precepto de la Ley del Seguro Social, ni en ningún otro de ésta, con lo que va más allá de lo establecido por la ley, en contravención al artículo 89, fracción I de la Constitución Federal".[225]

En el caso concreto, se emitió la jurisprudencia 26/96, ya transcrita en materias constitucional y administrativa, pero no se hizo como una jurisprudencia temática para facilitar resoluciones futuras en casos similares aunque no se trate del mismo ordenamiento legal o este sea emitido por la misma autoridad, en nuestra opinión debió de emitirse una tesis temática que señale que cuando la ley exprese que se debe crear un reglamento de determinado o determinados artículos, el ejecutivo, sea local o federal no puede crear nuevos recursos dentro del citado recurso, ya que su facultad reglamentaria de la ley no puede ir más allá de lo que se le pide y autoriza reglamentar y que al crear nuevas figuras no previstas en la ley está legislando cuando su facultad es reglamentaria.

Como consecuencia de lo anterior, y ante la falta de una declaratoria general de inconstitucionalidad (no existía dicha figu-

---

225 Semanario Judicial de la Federación. Registro 200658.

ra en la constitución y la ley en 1996), ante la entrada en vigor de la nueva Ley del Seguro Social de 1997, en cuyo artículo 294 se establece la existencia del recurso de inconformidad, se señala:

> *"Cuando los patrones y demás sujetos obligados, así como los asegurados o sus beneficiarios consideren impugnable algún acto definitivo del Instituto, podrán recurrir en inconformidad, en la forma y términos que establezca el reglamento, o bien proceder en los términos del artículo siguiente. Las resoluciones, acuerdos o liquidaciones del Instituto que no hubiesen sido impugnados en la forma y términos que señale el reglamento correspondiente, se entenderán consentidos".*[226]

Posteriormente se publica en el Diario Oficial de la Federación del día lunes 30 de junio de 1997 un total de siete reglamentos para ajustar en el ámbito administrativo la nueva ley y entre ellos el denominado Reglamento del Recurso de Inconformidad, dicho reglamento establece en su artículo 31:

> *"Contra las resoluciones del Secretario del Consejo Consultivo Delegacional en materia de admisión o desechamiento del recurso de inconformidad o de las pruebas ofrecidas, deberá solicitarse su revocación ante el Consejo Consultivo Delegacional correspondiente. Esta solicitud se interpondrá por escrito dentro de los tres días siguientes a aquel en que surta sus efectos la notificación del acuerdo recurrido, señalándose en el mismo los argumentos encaminados a la revocación del acto impugnado y se decidirá de plano en la siguiente sesión de dicho Consejo".*[227]

Es decir que en este artículo 31 del nuevo Reglamento del Recurso de Inconformidad se está incurriendo en el mismo vicio, ya que si bien es cierto no expresa en forma directa que se promoverá el Recurso de Revocación, si otorga término para su interposición, la obligación de formular argumentos y señala que se trata de la revocación del acto impugnado, por lo que claramente nos encontramos ante el mismo Recurso de Revocación que con

---

226 Diario Oficial de la Federación. 21 de diciembre de 1995.

227 Diario Oficial de la Federación. 30 de junio de 1997.

motivo de la ley anterior y el reglamento de la misma ya había sido señalado inconstitucional. Como consecuencia de lo anterior, una jurisprudencia temática sería de mucha ayuda para los operadores jurídicos a efecto de decretar la inconstitucionalidad de este artículo 31 sin que sea dable una revivisencia del correspondiente artículo 2 del reglamento previo, ya que este también resultó inconstitucional. Es de hacer notar que en el caso concreto no se promovió Acción de Inconstitucionalidad o Controversia Constitucional creada mediante decreto publicado en el Diario Oficial de la Federación el sábado 31 de diciembre de 1994 y que conforme a su artículo octavo transitorio entró en vigor el mismo día en que entró en vigor la ley reglamentaria correspondiente. Ahora bien, con fecha 11 de mayo de 1995 se publicó el decreto que crea la Ley Reglamentaria de las Fracciones I y II del Artículo 105 de la Constitución Política de los Estados Unidos Mexicanos y que entró en vigor treinta días después de su publicación, por lo que si se hubiera promovido probablemente se hubiera decretado una Declaratoria General de Inconstitucionalidad, lo que hubiera dejado este artículo fuera del marco jurídico de nuestro país.

Consecuentemente, con una Jurisprudencia temática quedaría claro este principio en el sentido de que al momento de reglamentar no se pueden crear más recursos que los previstos en la ley que se reglamenta.

4.2.5 El Principio de no creación de obligaciones al gobernado.

Cuando hablamos de la no creación de obligaciones al gobernado o no limitación de derechos nos referimos a que consideramos que un reglamento puede crear derechos a favor de un ciudadano indeterminado, siempre y cuando respetando el principio de materia administrativa dicho reglamento establezca un derecho con cargo a una obligación del Estado, es decir el obligado a otorgar dicho derecho es el Estado, pero pretender crear obligaciones a cargo del gobernado es algo que no puede realizarse por medio de un reglamento, porque los reglamentos no están hechos para limitar derechos o establecer obligaciones, como ya se ha expresado, la labor de los reglamentos es establecer "el cómo" de la aplicación de las leyes en materia administrativa.

El 22 de noviembre de 2019 se publicó la Jurisprudencia por Sustitución de Tesis en materia constitucional y administrativa, en la cual se estableció que mediante un acto administrativo o reglamentario denominado Resolución Miscelánea Fiscal no se puede determinar de oficio la reanudación de actividades de un contribuyente; si bien, dicha Jurisprudencia establece violación a los principios de reserva de ley y subordinación jerárquica, resulta clara la conveniencia de instalarla en esta categoría que facilita su estudio y resolución de casos.

> "AVISO DE SUSPENSIÓN DE ACTIVIDADES DE LAS PERSONAS MORALES. LA REGLA 2.5.14. DE LA RESOLUCIÓN MISCELÁNEA FISCAL PARA 2015, PUBLICADA EN EL DIARIO OFICIAL DE LA FEDERACIÓN EL 30 DE DICIEMBRE DEL 2014, QUE PREVÉ LO RELATIVO A SU TEMPORALIDAD, VIOLA LOS PRINCIPIOS DE RESERVA DE LEY Y DE SUBORDINACIÓN JERÁRQUICA [SUSTITUCIÓN DE LA JURISPRUDENCIA PC.I.A. J/138 A (10a.)]. Una nueva reflexión, guiada por lo resuelto por la Segunda Sala de la Suprema Corte de Justicia de la Nación en el amparo directo en revisión 5318/2018, y en salvaguarda del principio de seguridad jurídica, lleva a este Pleno en Materia Administrativa del Primer Circuito a sustituir el contenido en la jurisprudencia PC.I.A. J/138 A (10a.), de título y subtítulo: "AVISO DE SUSPENSIÓN DE ACTIVIDADES DE LAS PERSONAS MORALES. LA REGLA 2.5.14 DE LA RESOLUCIÓN MISCELÁNEA FISCAL PARA 2015, PUBLICADA EN EL DIARIO OFICIAL DE LA FEDERACIÓN EL 30 DE DICIEMBRE DEL 2014, QUE PREVÉ LO RELATIVO A SU TEMPORALIDAD, RESPETA EL PRINCIPIO DE SUBORDINACIÓN JERÁRQUICA.", a fin de sostener, que la regla 2.5.14. de la Resolución Miscelánea Fiscal para el 2015, detalla en sus párrafos tercero y quinto, la forma de cumplir con la condición de temporalidad, definida de manera obligatoria en el marco normativo del aviso de suspensión de actividades del contribuyente previsto en los artículos 27 del Código Fiscal de la Federación, 29, fracción V, y 30, fracción IV, inciso a), del Reglamento del Código Fiscal de la Federación. Al respecto, establece dos precisiones: a) la duración de 2 años, prorrogable hasta en una oca-

sión por 1 año; y b) que al concluir ese plazo, el contribuyente deberá presentar el aviso de reanudación o cancelación de actividades ante el Registro Federal de Contribuyentes. Sin embargo, aun cuando dicha regla se funde en una cláusula habilitante, ello no faculta al Servicio de Administración Tributaria, para emitir disposiciones que limiten derechos o que vayan más allá de lo que la ley y el reglamento establecen, como en el caso sucede, al acotar a una temporalidad la suspensión de actividades en la que un contribuyente se encuentre, con la consecuencia de que, una vez expirado el plazo y su prórroga se deberá presentar aviso de reanudación o cancelación de actividades ante el Registro Federal de Contribuyentes y, en caso de incumplimiento, de oficio, se efectuará la reanudación de actividades ya que, ni el Código Fiscal de la Federación ni su Reglamento contienen previsión normativa de la que pueda derivar que ésa haya sido la intención del legislador. De ahí que la regla 2.5.14. citada, viola los principios de reserva de ley y de subordinación jerárquica".[228]

4.6 El Principio de no delegación de facultades.

El artículo 49 Constitucional establece que no podrán reunirse dos o más poderes en una sola persona o corporación y que el legislativo no podrá depositarse en un solo individuo con la salvedad de facultades extraordinarias. Si bien Bovadilla Castillo[229] señala al igual que diversos autores que este principio tiene diversas excepciones y que además la división de poderes o funciones no debe ser estricta, no es menos cierto la facultad legislativa corresponde desde luego al Poder Legislativo y la encontramos esencialmente en las fracciones VIII, X, XIII, XVI, XVII, XIX, XX, XXIII, XXIV, XXV, XXVIII, XXIX, XXIX-A, XXIX-B, XXIX-C, XXIX-D, XXIX-E, XXIX-F, XXIX-G, XXIX-H, XXIX-I,

---

228 Semanario Judicial de la Federación. Registro 2021090.

229 BOBADILLA Castillo Zaudisareth. Comentario al artículo 49 en la obra: Constitución Política de los Estados Unidos Mexicano, comentada y con jurisprudencia. MÁRQUEZ Rábago Sergio, Coordinador. Segunda Edición, agosto de 2017. México. Porrúa Print. pp. 220-224.

XXIX-J, XXIX-K, XXIX-L, XXIX-M, XXIX-N, XXIX-Ñ, XXIX-O, XXIX-P, XXIX-Q, XXIX-R, XXIX-S, XXIX-T, XXIX.U, XXIX-W, XXIX-X, XXIX-Y, XXIX-Z y XXX del artículo 73 y que conforme al texto ya citado del artículo 49 no pueden ser delegadas. Con toda honestidad consideramos que simplemente se debió de otorgar la facultad de legislar en todas las materias que resulten necesarias con la única salvedad de lo que la propia Constitución establezca a favor de otro poder o dependencia, sin embargo, hay que reconocer que desde hace muchos años estamos inmersos en una ola de reformas Constitucionales que más que una Carta Fundamental tenemos una Constitución Reglamentaria que pretende prever todas las hipótesis posibles.

Atendiendo a lo anterior, nos permitimos señalar que no es válido que el Poder Legislativo emita una ley o una reforma legal y la deje inconclusa a cambio de que sea el Poder Ejecutivo quien concluya su trabajo ya que de esta forma está delegando sus funciones legislativas, como es el caso de la reforma a la Ley del Seguro Social del 20 de diciembre de 2001 que por cuanto al artículo 256 estableció que las relaciones de trabajo entre dicho Instituto y sus empleados se regirá conforme a la Ley Federal del Trabajo será aplicable a los trabajadores de "Confianza A" (así definidos en el Contrato Colectivo de Trabajo) y con ello mediante una ley general que es la Ley del Seguro Social se les quitaban los derechos sin respetar lo previsto en la ley especial que es la Ley Federal del Trabajo cuyos artículos 184 y 396 se refieren a los trabajadores de confianza y la aplicación a los mismos o exclusión de los beneficios de los Contratos Colectivos de Trabajo, pero eso no era lo peor, dicho artículo establece que se estará a lo dispuesto en el Reglamento Interior del Instituto que a propuesta del Consejo Técnico expida el Presidente de la República y al Estatuto a que se refiere el artículo 286-I de esa ley; dicho numeral establece un "sistema de Profesionalización y las prestaciones económicas de los trabajadores de "Confianza A", es decir que va a contener los derechos y obligaciones de los referidos trabajadores, cuando la facultad de legislar en tal materia es del Congreso de la Unión y así está expresamente establecido en el segundo párrafo del artículo 123 Constitucional.

Por lo tanto, al establecer que mediante un Reglamento y un Estatuto el Consejo Técnico y el Presidente determinarán los derechos y obligaciones de tales trabajadores, obviamente le están delegando la facultad legislativa que como ya se ha expresado no puede ser delegada ni depositarse en una sola persona. Lo anterior con independencia de que la figura de "Trabajador de Confianza A" no existe en la Ley Federal del Trabajo y entonces dejan que un Contrato Colectivo de Trabajo establezca a qué personas se les aplicarán dicho Reglamento y Estatuto.

La propia Corte ha considerado antidemocrático el acopio de poder por parte de algún órgano o poder ya que la Constitución es rígida y establece un sistema de pesos y contrapesos para evitarlo. Al respecto el 14 de junio de 2005 se aprobó la siguiente Tesis Jurisprudencial por el Pleno:

> "DIVISIÓN DE PODERES. EL EQUILIBRIO INTERINSTITUCIONAL QUE EXIGE DICHO PRINCIPIO NO AFECTA LA RIGIDEZ DE LA CONSTITUCIÓN FEDERAL. La tesis de la Segunda Sala de la Suprema Corte de Justicia de la Nación, publicada en el Semanario Judicial de la Federación, Séptima Época, Volúmenes 151-156, Tercera Parte, página 117, con el rubro: "DIVISIÓN DE PODERES. SISTEMA CONSTITUCIONAL DE CARÁCTER FLEXIBLE.", no puede interpretarse en el sentido de que la Constitución Política de los Estados Unidos Mexicanos es de carácter flexible, pues su rigidez se desprende del procedimiento que para su reforma prevé su artículo 135, así como del principio de supremacía constitucional basado en que la Constitución Federal es fuente de las normas secundarias del sistema -origen de la existencia, competencia y atribuciones de los poderes constituidos-, y continente, de los derechos fundamentales que resultan indisponibles para aquéllos, funcionando, por ende, como mecanismo de control de poder. En consecuencia, el principio de división de poderes es una norma de rango constitucional que exige un equilibrio entre los distintos poderes del Estado y de las entidades federativas, a través de un sistema de pesos y contrapesos tendente a evitar la consolidación de un poder u órgano absoluto capaz de producir una distorsión en el sistema de competencias previsto constitucionalmente o, como consecuencia de ello, una afectación al principio democrático, a los derechos fundamentales, o a sus garantías."[230]

---

230 Semanario Judicial de la Federación. Registro 177980.

Así como es conocido el principio de que el gobernado puede hacer todo lo que no tiene prohibido, también lo es el que señala que las autoridades solamente pueden hacer aquello que tiene permitido por la norma y por lo tanto no pueden hacer aquello para lo que no están expresamente facultadas, en el caso concreto el Pleno de la Corte el 3 de enero de 2006 aprobó una Jurisprudencia que se refiere a este principio y en particular que solo pueden realizar los actos que la Constitución establece:

> "PRINCIPIO DE DIVISIÓN FUNCIONAL DE PODERES. SUS CARACTERÍSTICAS. El citado principio se desarrolla constitucionalmente mediante la atribución de competencias expresas conferidas a los órganos superiores del Estado; en ese sentido, el principio limita la actuación de las autoridades, lo que significa que todo aquello para lo que no están expresamente facultadas se encuentra prohibido y que sólo pueden realizar los actos que el ordenamiento jurídico prevé y, en particular, sobre las bases que establece la Constitución Política de los Estados Unidos Mexicanos. Por otra parte, este sistema competencial puede ser de diferentes formas, pues existen: a) prohibiciones expresas que funcionan como excepciones o modalidades de ejercicio de otras competencias concedidas; b) competencias o facultades de ejercicio potestativo, en donde el órgano del Estado puede decidir si ejerce o no la atribución conferida; y, c) competencias o facultades de ejercicio obligatorio, en las que el órgano del Estado al que le fueron constitucionalmente conferidas está obligado a ejercerlas".[231]

La Corte ha admitido la colaboración y Coordinación entre los poderes establecidos, en el entendido de que la separación de poderes no es absoluta y determinante, pero debe existir el equilibrio que ya hemos mencionado y que garantice la unidad política del Estado, por lo que esto no faculta a ninguno de ellos para tomar las facultades de otro, sino solo las que la Constitución establece, por lo que el 1 de julio de 2009 el Pleno de la Corte aprobó Jurisprudencia que lleva el siguiente texto:

---

231 Semanario Judicial de la Federación. Registro 175847.

"DIVISIÓN DE PODERES. EL QUE ESTE PRINCIPIO SEA FLEXIBLE SÓLO SIGNIFICA QUE ENTRE ELLOS EXISTE UNA COLABORACIÓN Y COORDINACIÓN EN LOS TÉRMINOS ESTABLECIDOS, PERO NO LOS FACULTA PARA ARROGARSE FACULTADES QUE CORRESPONDEN A OTRO PODER, SINO SOLAMENTE AQUELLOS QUE LA PROPIA CONSTITUCIÓN LES ASIGNA. El artículo 49 de la Constitución Política de los Estados Unidos Mexicanos establece que el Supremo Poder de la Federación se divide para su ejercicio en Legislativo, Ejecutivo y Judicial y que no podrán reunirse dos o más de estos poderes en un solo individuo o corporación. Sin embargo, ha sido criterio reiterado de esta Suprema Corte que la división funcional de atribuciones que establece dicho numeral no opera de manera rígida, sino flexible, ya que el reparto de funciones encomendadas a cada uno de los poderes no constituye una separación absoluta y determinante, sino por el contrario, entre ellos se debe presentar una coordinación o colaboración para lograr un equilibrio de fuerzas y un control recíproco que garantice la unidad política del Estado. Como se advierte, en nuestro país la división funcional de atribuciones no opera de manera tajante y rígida identificada con los órganos que las ejercen, sino que se estructura con la finalidad de establecer un adecuado equilibrio de fuerzas, mediante un régimen de cooperación y coordinación que funcionan como medios de control recíproco, limitando y evitando el abuso en el ejercicio del poder público, garantizando así la unidad del Estado y asegurando el establecimiento y la preservación del estado de derecho. Por su parte, el artículo 133 de la Constitución Federal consagra el principio de supremacía, que impone su jerarquía normativa a la que deben sujetarse todos los órganos del Estado y todas las autoridades y funcionarios en el ejercicio de sus atribuciones, por lo que, el hecho de que la división de poderes opere de manera flexible sólo significa que entre ellos existe una colaboración y coordinación en los términos establecidos, pero no los faculta para arrogarse facultades que corresponden a otro poder, sino solamente aquellos que la propia Constitución les asigna. De este modo, para que un órgano ejerza ciertas funciones es necesario que expresamente así lo disponga la Constitución Federal o que la función respectiva resulte estrictamente necesaria para hacer efectivas las facultades que le son exclusivas por efectos de la propia Constitución, así como que la función se ejerza en los casos expresamente autorizados o indispensables para hacer efectiva la facultad propia".[232]

---

232 Semanario Judicial de la Federación. Registro 166964.

Luego entonces, resulta claro que el Presidente de la república no puede tomar la facultad legislativa ni aun cuando el Poder Legislativo se la otorgue salvo que se trate de los casos expresamente establecidos en la Constitución y si lo hace está legislando y su acto resulta inconstitucional.

Capítulo quinto

CONSIDERACIONES FINALES.

Como ya se ha señalado, en nuestro criterio y basándonos tanto en la opinión de destacados juristas como en la propia constitución, no es lo mismo tener la facultad legislativa que la reglamentaria y cuando el Poder Ejecutivo emite un reglamento en el cual crea y/o modifica derechos y obligaciones, en lugar de la forma de ejercer o cumplir los mismos, está legislando y no reglamentando, por lo que como lo expresa Ferrer Mac-Gregor, la fuerza expansiva de la jurisprudencia también se patentiza con la jurisprudencia genérica o temática, lo que implica obligatoriedad en el juicio de amparo de su aplicación por los jueces.[233]

Es necesario que los ciudadanos, pero en especial los operadores del derecho conozcan que la facultad reglamentaria del Presidente de la República no está limitada solamente por el principio fundamental de legalidad y que este en su caso se divide en dos principios o subprincipios que son a decir de la Corte los de reserva de ley y subordinación jerárquica; los cuatro principios que hemos señalado se encuentran debidamente reconocidos en el texto constitucional, en la doctrina y en la propia jurisprudencia de la Corte, por lo que los principios de naturaleza administrativa, no creación de recursos o instancias, no creación de obligaciones al gobernado y no delegación de facultades deben quedar expresamente en el catálogo para que

---

233 Cfr. FERRER Mac-Gregor, Eduardo. Panorámica del derecho procesal constitucional y convencional. Madrid, Barcelona, Buenos Aires, Sau Paulo, 2013. Editorial Marcial Pons. Pág. 347

abogados postulantes u juzgadores hagan uso de los mismos y evitemos sentencias e incluso jurisprudencias que declaren constitucionales a normas generales del Presidente de la República que no lo son.

Resultaría importante que la Suprema Corte emita jurisprudencia temática en el sentido de señalar que cuando el Poder Ejecutivo emite un reglamento y en el mismo está creando obligaciones está legislando y que cuando está en la esfera administrativa señalando la forma en la cual deben ser ejercidos dichos derechos o cumplidas las obligaciones está reglamentando, al hacer lo anterior facilitaría la resolución de los juicios de amparo en contra de reglamentos, ya que el Juez de Distrito solamente tendría que verificar si se trata de cuestiones sustantivas o adjetivas las que tiene enfrente y si son las primeras, al no estar facultado el ejecutivo a crearlas o modificarlas el reglamento es inconstitucional en sus correspondientes artículos por exceder las facultades del ejecutivo.

Como ha dicho Ferrer Mac-Gregor, una declaratoria de inconstitucionalidad de una norma podría tener como efecto que la Suprema Corte se transforme en un legislador positivo ya que el dejar sin efectos una norma e incluso todo el sistema normativo impugnado se vería en la necesidad de establecer la reviviscencia de las normas vigentes con anterioridad a las declaradas inválidas, es decir que nos encontraríamos ante la aplicación de una norma que ya fue derogada en tanto la autoridad correspondiente emite una nueva norma que se ajuste a la constitución, como sucedió en el caso de los decretos 353, 354 y 355 publicados en el Periódico Oficial del Estado de Colima el 31 de agosto de 2008, así como la de sus transitorios, en la que se determinó que había reviviscencia para el siguiente proceso electoral y sería necesaria la expedición de una nueva legislación para las futuras elecciones.

Es necesario para obtener un Estado de derecho en el cual todos tengan y puedan ejercer su derecho a acceso a la justicia que se rompan diversas barreras que han existido y existen hasta la presente fecha, como señala Ferrer Mac-Gregor[234] es necesaria no solo la concepción tradicional laissez faire del estado liberal, también debe haber la posibilidad formal y agregamos real de acudir ante los órganos que imparten justicia, es decir debe de garantizarse el libre acceso a la jurisdicción, debe de existir un debido proceso, proceso justo y garantía de audiencia, así como el derecho a la ejecución, ya que no es suficiente lo anterior, también debe ser ejecutable la sentencia que en su caso se emita, por lo que figuras jurídicas como las ya señaladas (suplencia de la queja cuando se declare la inconstitucionalidad de una norma) así como las relativas a suplencia de la queja en materias específicas como la laboral respecto de los trabajadores, la penal respecto de los inculpados, en materia agraria respecto de los centros de población ejidales, etcétera, ayudan a lograr estos fines, a los cuales se han unido los del constitucionalismo social para proteger a los más desprotegidos como ya se ha dicho en materia laboral, agraria y de seguridad social e incluso familiar con la protección de los derechos del menor.

La asesoría gratuita es una de dichas formas a la que están obligados los estados miembros del Sistema Interamericano de los Derechos Humanos, ya que resulta que las personas con poco nivel económico no pueden contratar abogado para que les represente en juicio, razón por la cual se han quitado las costas judiciales y en diversas materias se ha creado dicha asesoría gratuita, aunque en nuestra opinión debe estar mejor regulada, ya que no se cuenta con abogados suficientes en los correspondientes centros debido a que muchas veces se desgastan asesorando y/o representando a personas con capacidad económica suficiente para pagar a un abogado lo que quita espacio para aquellas personas que realmente lo necesitan ante su baja situación económica.

---

234 Cfr. FERRER Mac-Gregor, Eduardo. Panorámica del derecho procesal constitucional y convencional. Madrid, Barcelona, Buenos Aires, Sau Paulo, 2013. Editorial Marcial Pons. Págs. 531-562.

En la misma forma, las acciones colectivas son una forma de garantizar ese acceso a la justicia, ya que con ellas se impide que asuntos que son de cuantía mínima en el caso concreto de los consumidores y que les saldría muy oneroso pagar un abogado queden sin ser juzgados y alguna empresa se beneficie directamente con el pequeño daño económico que le produce a cientos o miles de personas y que finalmente para esta persona moral representa una gran ganancia.

Otra cuestión importante para tener un verdadero Estado de derecho, cumpliendo con el Sistema Americano de Derechos Humanos y con el Constitucionalismo Social es precisamente que no se apliquen normas (lato sensu) que sean inconstitucionales, inconvencionales o "intratacionales" y que pueda el juzgador primario hacer un control difuso de dicha inconstitucionalidad o inconvencionalidad como hizo el juez Edward Coke hace más de 400 años y como el tan conocido caso Marbury Vs Madison de 1803.

No debemos de olvidar que el control difuso de convencionalidad derivó de la sentencia de la Corte Interamericana de Derechos Humanos en el caso Rosendo Radilla Vs. México, y como consecuencia de la misma la Suprema Corte emitió resolución en el expediente "varios" 912/2010, por lo que en las Crónicas del Pleno y de las Salas[235] en el Tema 3 del Caso Radilla Pacheco se concluyó que, la Corte Interamericana de Derechos Humanos, al resolver el caso 12.511 determinó que los tribunales del Estado mexicano deben ejercer un control de convencionalidad oficioso entre las normas internas y la Convención Americana sobre Derechos Humanos, en el marco de sus respectivas competencias y de las regulaciones procesales correspondientes y que como el control constitucional de las leyes actualmente (en ese momento)

---

235 Suprema Corte de Justicia de la Nación. Crónicas del Pleno y de las salas. Mexico, visible en: https:// www.sitios.scjn.gob.mx/codhap/sites/default/files/cronicas pdf sr/TP-140711-MBLR-912.pdf consulta 14 de marzo de 2019 a las 22:33 horas.

estaba reservado a los Tribunales de la Federación, por lógica consecuencia debe concluirse que el control oficioso de la convencionalidad de las leyes secundarias corresponde realizarse conforme al mismo sistema competencial instituido para juzgar las normas contrarias a la Constitución Federal y puntualizó que el control de convencionalidad los deben ejercer todos los órganos que tengan funciones materialmente jurisdiccionales y que cualquier tribunal tiene la obligación constitucional de interpretar siempre los tratados de manera más beneficiosa a la persona.

Al decidir estudiar derecho y en especial al obtener nuestro título de abogado asumimos una obligación con la sociedad en nuestra opinión que impere el estado de derecho y nos rijamos por normas que sean acordes a la Constitución y Tratados Internacionales.

Bibliografía

ANDRADE Sánchez, Eduardo. Constitución Política de los Estados Unidos Mexicanos comentada. Tercera Edición, México 2016. Editorial Oxford, UNAM.

ARTEAGA Nava Elisur. Derecho constitucional. Cuarta edición. México, 2013. Universidad Autónoma Metropolitana. Editorial Oxford University Press.

BADNARIK Michael Visible en: https://www.youtube.com/watch?v=912IS3dpC3Y

BAGNI Silvia, Coordinadora. Justicia constitucional comparada. Editorial Porrúa. México 2014.

BAGNI Silvia. Citada y traducida por Ferrer Mac-Gregor, Eduardo. Diccionario de derecho procesal constitucional y convencional, Tomo II, Primera Edición, México 2014, Poder Judicial de la Federación, Consejo de la Judicatura Federal, Universidad Nacional Autónoma de México, Instituto de Investigaciones Jurídicas.

BARRAGÁN Barragán José. Teoría de la constitución. México. 2010. Cuarta Edición. Editorial Porrúa.

BETANZOS Eber. La justicia de los jueces. Reflexiones a partir de la teoría de la justicia de John Rawls. México. 2013. Editorial Porrúa.

BLANCO Valdés Roberto L. La configuración del concepto de constitución en las experiencias francesa y norteamericana. En la obra: CARBONELL Sánchez Miguel, Coordinador. Teoría constitucional y derechos fundamentales. México, 2002. Comisión Nacional de Derechos Humanos.

BURGOA Orihuela Ignacio. Derecho constitucional mexicano. México. 2013. Editorial Porrúa.

CARBONELL Sánchez Miguel. Marbury Vs. Madison, en los orígenes de la supremacía constitucional y el control de constitucionalidad. Revista Iberoamericana de Derecho Procesal Constitucional. ISSN 1870-8390, N°. 5, 2006.

CARPIZO Jorge, Madrazo Jorge. Derecho constitucional. Primera edición. México, 1991. UNAM Instituto de Investigaciones Jurídicas.

CARTA MAGNA (15 de junio de 1215) https://archivos.juridicas.unam.mx/www/bjv/libros/6/2698/17.pdf

CASARÍN León Manlio Fabio. En la obra: Ferrer Mac-Gregor, Eduardo. Diccionario de derecho procesal constitucional y convencional, Tomo

II, Primera Edición, México 2014, Poder Judicial de la Federación, Consejo de la Judicatura Federal, Universidad Nacional Autónoma de México, Instituto de Investigaciones Jurídicas.

CASTRO Germán. El equívoco promedio municipal. Nexos, blog de redacción. Septiembre de 2019. Visible en: https://redaccion.nexos.com.mx/?p=10839#:~:text=Ensenada%2C%20uno%20de%20los%20cinco,m%C3%A1s%20grande%20de%20todo%20M%C3%A9xico.

CAUDET Yarza Francisco. Agustín de Iturbide. Colección Grandes Mexicanos Ilustres. España. Editorial Dastin, S.L.

Constitución de Francia (Constitución de 3-14 de septiembre de 1791. Universidad de Barcelona). Universidad de Barcelona. Visible en: http://www.ub.edu/ciudadania/hipertexto/evolucion/textos/cf1791.htm.

Constitución de la República de Cuba. Visible en: http://www.cuba.cu/gobierno/NuevaConstitucion.pdf

Constitución Española. Visible en: https://www.senado.es/web/conocersenado/normas/constitucion/detalleconstitucioncompleta/index.html#t4

Constitución Nacional de Argentina. Visible en: https://www.congreso.gob.ar/constitucionNacional.php

Constitución Política de Chile. Visible en: https://www.senado.cl/constitucion-politica-capitulo-i-bases-de-la-institucionalidad/senado/2012-01-16/093048.html

Constitución Política de los Estados Unidos Mexicanos. Diario Oficial, 5 de febrero de 1917. Órgano del Gobierno Provisional de la República Mexicana.

Constitución Política de los Estados Unidos Mexicanos. Última reforma 06 de marzo de 2020. Visible en: http://www.diputados.gob.mx/LeyesBiblio/index.htm

Constitución Política del Estado de Aguascalientes. Visible en: http://www.ordenjuridico.gob.mx/fichaOrdenamiento.php?idArchivo=18640&ambito=estatal

Constitución Política del Estado de Baja California. Visible en: http://www.ordenjuridico.gob.mx/fichaOrdenamiento.php?idArchivo=19505&ambito=estatal

Constitución Política del Estado de Baja California sur. Visible en https://www.cbcs.gob.mx/index.php/trabajos-legislativos/leyes?layout=edit&id=1486

Constitución Política del Estado de Campeche. Visible en: http://www.ordenjuridico.gob.mx/fichaOrdenamiento.php?idArchivo=20318&ambito=estatal

Constitución Política del Estado de Chiapas. Visible en: http://www.ordenjuridico.gob.mx/fichaOrdenamiento.php?idArchivo=21023&ambito=estatal

Constitución Política del Estado de Chihuahua. Visible en: http://www.ordenjuridico.gob.mx/fichaOrdenamiento.php?idArchivo=22558&ambito=estatal

Constitución Política de la Ciudad de México. Gaceta Oficial de la Ciudad de México. 5 de febrero de 2017.

Constitución Política del Estado de Coahuila. Visible en: http://www.ordenjuridico.gob.mx/fichaOrdenamiento.php?idArchivo=25467&ambito=estatal

Constitución Política del Estado de Colima. Visible en: http://www.ordenjuridico.gob.mx/fichaOrdenamiento.php?idArchivo=95635&ambito=estatal

Constitución Política del Estado de Durango. Visible en: http://www.ordenjuridico.gob.mx/fichaOrdenamiento.php?idArchivo=24655&ambito=estatal

Constitución Política del Estado de Guanajuato. Visible en: https://transparencia.guanajuato.gob.mx/bibliotecadigital/normatividad/CONSTITUCION_POLITICA_PARA_EL_ESTADO_DE_GUANAJUATO.pdf

Constitución Política del Estado de Guerrero. Visible en: http://congresogro.gob.mx/62/legislacion/

Constitución Política del Estado de Hidalgo. Visible en: http://www.ordenjuridico.gob.mx/fichaOrdenamiento.php?idArchivo=23546&ambito=estatal

Constitución Política del Estado de Jalisco. Visible en: http://www.ordenjuridico.gob.mx/fichaOrdenamiento.php?idArchivo=34151&ambito=estatal

Constitución Política del Estado de México. Visible en: http://legislacion.edomex.gob.mx/sites/legislacion.edomex.gob.mx/files/files/pdf/ley/vig/leyvig001.pdf

Constitución Política del Estado de Michoacán. Visible en: http://congresomich.gob.mx/file/CONSTITUCI%25C3%2593N-POL%25C3%258DTICA-DEL-ESTADO-LIBRE-Y-SOBERANO-DE-MICHOAC%25C3%2581N-REF-22-FEB-2019.pdf

Constitución Política del Estado de Morelos. Visible en: http://compilacion.ordenjuridico.gob.mx/fichaOrdenamiento2.php?idArchivo=767&ambito=estatal

Constitución Política del Estado de Nayarit. Visible en: http://www.ordenjuridico.gob.mx/fichaOrdenamiento.php?idArchivo=24120&ambito=estatal

Constitución Política del Estado de Nuevo León. Visible en: http://compilacion.ordenjuridico.gob.mx/fichaOrdenamiento2.php?idArchivo=6312&ambito=estatal

Constitución Política del Estado de Oaxaca. Visible en: http://www.ordenjuridico.gob.mx/fichaOrdenamiento.php?idArchivo=24326&ambito=estatal

Constitución Política del Estado de Puebla. Visible en: http://www.ordenjuridico.gob.mx/fichaOrdenamiento.php?idArchivo=96586&ambito=estatal

Constitución Política del estado de Querétaro. Visible en http://compilacion.ordenjuridico.gob.mx/fichaOrdenamiento2.php?idArchivo=8486&ambito=estatal

Constitución Política del Estado de Quintana Roo. Visible en: http://www.ordenjuridico.gob.mx/fichaOrdenamiento.php?idArchivo=31514&ambito=estatal

Constitución Política del Estado de San Luis Potosí. Visible en: http://www.ordenjuridico.gob.mx/fichaOrdenamiento.php?idArchivo=95710&ambito=estatal

Constitución Política del Estado de Sinaloa. Visible en: http://www.ordenjuridico.gob.mx/fichaOrdenamiento.php?idArchivo=78896&ambito=estatal

Constitución Política del Estado de Sonora. Visible en: http://compilacion.ordenjuridico.gob.mx/fichaOrdenamiento2.php?idArchivo=2765&ambito=estatal

Constitución Política del Estado de Tabasco. Visible en: https://congresotabasco.gob.mx/wp/wp-content/uploads/2019/01/Constitucion-Politica-del-Estado-de-Tabasco1-1.pdf

Constitución Política del Estado de Tamaulipas. Visible en: http://po.tamaulipas.gob.mx/wp-content/uploads/2020/06/Const_Politica.pdf

Constitución Política del Estado de Tlaxcala. Visible en: https://congresodetlaxcala.gob.mx/wp-content/uploads/2019/05/CONSTITUCION-LOCAL.pdf

Constitución Política del Estado de Veracruz. Visible en: http://www.ordenjuridico.gob.mx/fichaOrdenamiento.php?idArchivo=21745&ambito=estatal

Constitución Política del Estado de Yucatán. Visible en: http://www.ordenjuridico.gob.mx/fichaOrdenamiento.php?idArchivo=98223&ambito=estatal

Constitución Política del Estado de Zacatecas. Visible en: http://www.ordenjuridico.gob.mx/fichaOrdenamiento.php?idArchivo=19768&ambito=estatal

CONTRERAS Bustamante Raúl. Clasificación de las constituciones. En la obra: Teoría de la constitución. BARRAGÁN Barragán José. México. 2010. Cuarta Edición. Editorial Porrúa.

CORCUERA Cabezut Santiago. Derecho constitucional y derecho internacional de los derechos humanos. México 2014. Editorial Oxford University Press.

COSSÍO Díaz José Ramón (Coordinador). Constitución Política de los Estados Unidos Mexicanos. México. 2017. Editorial Tiran Lo Blanch.

COSSÍO Díaz José Ramón. En la Presentación de la obra: La división de poderes y funciones en el derecho mexicano contemporáneo. Nava Vázquez César. México. 2008. Editorial Porrúa.

DIARIO OFICIAL DE LA FEDERACIÓN. Diversas publicaciones.

ESTRADA Sámano Rafael. La influencia de la escuela libre de derecho en el desarrollo del derecho constitucional mexicano. En ESTRADA Sámano Rafael y Estrada Michel Rafael. 1857, Rabasa y otros ensayos de historia y control constitucional. México 2011. Editorial Porrúa.

ESTRADA Michel Rafael. La identidad del poder judicial durante la segunda mitad del siglo XIX. Polémicas en torno a la naturaleza y los alcances de la función jurisdiccional, inventora de las naciones. En la obra: 1857, Rabasa y otros ensayos de historia y control constitucional. México. 2011. Editorial Porrúa.

FERNÁNDEZ Ruiz Jorge. Poder ejecutivo. México, 2008. Editorial Porrúa.

FERNÁNDEZ Segado Francisco. La búsqueda de una nueva tipología explicativa de los sistemas de justicia constitucional. En la obra: Bagni Silvia. Coordinadora. Justicia constitucional comparada. México. 2014. Editorial Porrúa.

FERRER Mac-Gregor Eduardo. GUERRERO Galván Luis René (editores). Derechos del pueblo mexicano, México a través de sus constituciones. Secciones primera y segunda. México. 2016. MAPorrúa.

FERRER Mac-Gregor, Eduardo. Diccionario de derecho procesal constitucional y convencional, Tomo II, Primera Edición, México 2014, Poder Judicial de la Federación, Consejo de la Judicatura Federal, Universidad Nacional Autónoma de México, Instituto de Investigaciones Jurídicas.

FERRER Mac-Gregor Eduardo. Panorámica del derecho procesal constitucional y convencional. Madrid, Barcelona, Buenos Aires, Sau Paulo, 2013. Editorial Marcial Pons.

FIX-ZAMUDIO Héctor. Influencia del constitucionalismo gaditano en la Nueva España. En la obra: En Memoria del seminario internacional, conmemoración del bicentenario de la constitución de Cádiz. Barceló Rojas Daniel y Serna de la Garza José María, Coordinadores. México, 2013. Instituto de Investigaciones Jurídicas. UNAM.

FIX-ZAMUDIO Héctor. La creciente internacionalización de las constituciones iberoamericanas, especialmente en la regulación y protección de los derechos humanos. En la obra: Control de convencionalidad, interpretación conforme y dialogo jurisprudencial, una visión desde América latina y Europa. Primera edición. 2014. México. Editorial Porrúa.

FLORES Sánchez Ulises. De la constitución de Apatzingán de 1814. Editorial Porrúa, México, 2014.

FLORES Trejo Fernando. Federación como forma de estado. En la obra: Teoría de la Constitución. Barragán Barragán José. México. 2010. Cuarta edición. Editorial Porrúa.

GALEANA Patricia. El impacto de la Constitución de Cádiz en México. En la obra: En Memoria del seminario internacional, conmemoración del bicentenario de la constitución de Cádiz. Barceló Rojas Daniel y Serna de la Garza José María, Coordinadores. México, 2013. Instituto de Investigaciones Jurídicas. UNAM.

GARCIA Belaunde Domingo. El derecho constitucional en perspectiva. México 2008. Editorial Porrúa.

GARCIADIEGO Javier. Críticos, oposicionistas y precursores: En la obra: Nueva historia mínima de México ilustrada. Secretaría de Educación. México 2008.

GRANADOS Luis Fernando. En el espejo haitiano, los indios del Bajío y el colapso del orden colonial en América Latina. México, 2016. Ediciones Era.

GUTIÉRREZ Tenorio Juan Manuel. La facultad reglamentaria del municipio, límites y alcances en relación a los derechos humanos. México. 2014. Epikeia derecho y política. Revista electrónica del Departamento de Ciencias y Humanidades. Universidad Iberoamericana, León. Guanajuato. Número 25, otoño 2014.

HAMILTON Alexander, Madison James y Jay John. El federalista. (The federalist papers #14). Réplica a una objeción derivada de la excesiva extensión del país. The New York Packet, 30 de noviembre de 1787.

HERNÁNDEZ Becerra Augusto. Régimen jurídico del municipio en Colombia. En la obra: Derecho Municipal Multinacional. Coordinadora Rendón Huerta Barrera Teresita. México. 2015. Editorial Porrúa.

IGLESIAS Carmen. El pensamiento de Montesquieu, ciencia y filosofía en el siglo XVIII. Editorial Galaxia Gutenberg. Barcelona 2005.

ITURBIDE y Aramburu Agustín. Plan de Ayala. 21 de febrero de 1821. Instituto Nacional de Estudios Históricos de las Revoluciones de México. Centenario de la Constitución Política de los Estados Unidos Mexicanos 1917-2017.

KANT Immanuel. Crítica de la razón pura. México 2017. Primera edición 2017, Editorial Colofón para Ediciones Gandhi. Traductor Manuel García Morente.

KELSEN Hans. Teoría pura del derecho. Traducción original del alemán VERNENGO Roberto J. México. 2011. Editorial Porrúa.

LANZ Duret Miguel. El municipio (1931-1957). En la obra: México y la Constitución de 1917, doctrina constitucional mexicana. FLORES Imer editor y compilador. México. 2016. Secretaría de Cultura. Instituto Nacional de Estudios Históricos de las Revoluciones de México.

LARA Ponte Rodolfo. Los derechos humanos en el constitucionalismo mexicano. México, 1997. Editorial Porrúa–UNAM.

LASSALLE Ferdinand. Qué es una Constitución?. España. 2002. Segunda Edición Ariel Derecho.

LÓPEZ Ulla Juan Manuel. Derecho comparado y justicia constitucional: El flujo de las ideas en la construcción de los modelos y en el razonamiento jurídico-constitucional. En Bagni Silvia. Coordinadora. Justicia constitucional comparada. México. 2014. Editorial Porrúa.

MÁRQUEZ Rábago Sergio, Coordinador. Constitución Política de los Estados Unidos Mexicanos, comentada y con jurisprudencia. Segunda Edición, agosto de 2017. México. Porrúa Print.

MARTÍN Moreno Francisco. México negro. México. 2003. Cuarta reimpresión. Editorial Joaquín Mortiz, S.A: de C.V.

MATEOS Santillán Juan José. Derechos del hombre. En Barragán B. José. Teoría de la Constitución. Cuarta Edición. México. 2010. Editorial Porrúa.

MATEOS Santillán Juan José. Vertientes ideológicas del derecho constitucional. En: Barragán B. José. Teoría de la Constitución. Cuarta Edición. México. 2010. Editorial Porrúa.

MOGUEL Julio y CIENFUEGOS David. La constitución de Apatzingán, carta libertaria de las Américas. Centro de estudios sociales y de opinión pública. Cámara de Diputados, México, 2014.

MORELOS y Pavón José María. Sentimientos de la Nación. Visible en http://www.bicentenarios.es/doc/8130914

MORENO Collado Jorge. Teoría constitucional y procesos políticos fundamentales. Primera edición. México 2014. Editorial Porrúa.

NAVA Vázquez César. La división de poderes y de funciones en el derecho mexicano contemporáneo. México. 2008. Editorial Porrúa.

OVALLE Favela José. Teoría General del proceso. Sexta edición. Décima reimpresión, México, marzo 2011. Oxford University Press.

RAMOS Tavares André. Sistemas y modelos de justicia constitucional, con particular referencia a los ordenamientos latinoamericanos. En Bagni Silvia. Coordinadora. Justicia constitucional comparada. México. 2014. Editorial Porrúa.

RENDÓN Huerta Barrera Teresita. Teoría y técnica de la reglamentación municipal en México. Primera edición. 2014. México. Editorial Porrúa.

RODRÍGUEZ Marcos del Rosario. La cláusula de la supremacía constitucional, el artículo 133 constitucional a la luz de su origen, evolución jurisprudencial y realidad actual. Primera edición. 2011. México. Editorial Porrúa.

RODRÍGUEZ Marcos del Rosario. "De la supremacía constitucional a la supremacía de convencionalidad: la nueva conformación del bloque de constitucionalidad en México", en la obra: Flores Saldaña Antonio. Control de convencionalidad y decisiones judiciales. Primera edición. 2016. México. Editorial Tirant Lo Blanch.

ROJAS Zamudio Laura Patricia. Artículo 115. En la obra: Constitución Política de los Estados Unidos Mexicanos comentada. Coordinador COSSÍO Díaz José Ramón. México. 2017. Editorial Tirant Lo Blanch.

ROMERO Pérez Jorge Enrique. El derecho municipal en Costa Rica. En la obra: Derecho Municipal Multinacional. Coordinadora Rendón Huerta Barrera Teresita. México. 2015. Editorial Porrúa.

SAIZ Arnaiz Alejandro, Ferrer Mac-Gregor Eduardo, Coordinadores. Control de convencionalidad, interpretación conforme y dialogo jurisprudencial, una visión desde América latina y Europa. Primera edición. 2014. México. Editorial Porrúa.

SCHUSTER A. En la obra: Glosario de derecho público comparado. Coordinador. Lucio Pegoraro. México 2012. Editorial Porrúa.

SERRA Rojas Andrés. La función constitucional del presidente de la república. En la obra: Flores Imer, editor y compilador. Doctrina constitucional mexicana. México, 2016. Instituto de Investigaciones Jurídicas-UNAM.

SPEKCMAN Guerra Eliza. El porfiriato. En la obra: Nueva historia mínima de México ilustrada. Secretaría de Educación. México 2008.

Suprema Corte de Justicia de la Nación. Crónicas del Pleno y de las salas. México, visible en: https:// www.sitios.scjn.gob.mx/codhap/sites/default/files/cronicas_pdf_sr/TP-140711-MBLR-912.pdf

TENA Ramírez Felipe. Derecho constitucional mexicano. Trigésima Séptima Edición. 2005. México. Editorial Porrúa.

TENA Ramírez Felipe. Leyes fundamentales de México 1808-2005. Vigésimo quinta edición. México 2008. Editorial Porrúa.

TENA Ramírez Felipe. Leyes fundamentales de México 1808-2017. Vigésimo quinta edición. Primera reimpresión. México 2017. Editorial Porrúa.

TUSSEAU Guillaume. Mas allá de los "modelos" de justicia constitucional, hacia una comparación pragmatista. En Bagni Silvia. Coordinadora. Justicia constitucional comparada. México. 2014. Editorial Porrúa.

TUSSEAU Guillaume. Para acabar con los "modelos" de jurisdicción constitucional, un ensayo de crítica. Traducción: Teresa García-Berrio Hernández. México. 2011. Editorial Porrúa.

TOTTEN Megan (Legal Editor). The Constitution of the United States of America, analysis and interpretation, Centennial edition. Washington USA, 2016. USA Publishing Office.

VÁZQUEZ Flota Ignacio. Dotación de facultad derogatoria al Poder Judicial de la Federación. Tesis de licenciatura. 1989. Biblioteca de la Facultad de Derecho, UADY.

VÁZQUEZ Josefina Zoraida. De la independencia a la consolidación republicana. En la obra: Nueva historia mínima de México ilustrada. Secretaría de Educación. México. 2008.

VENEGAS Trejo Francisco. Constitución y tratados internacionales; complementariedad ineludible. En NAVA Escudero César y Nava Escudero Óscar. Administración pública contemporánea. México. 2010. Editorial Porrúa.

Medalla al Mérito Académico

El día 31 de mayo de 2019 fue la graduación de la primera generación de las Maestrías en Derecho Laboral y en Derecho Constitucional, al igual que del Doctorado en Derecho de Cenijur, Quintana Roo, con mucha satisfacción y alegría al graduarme en el Doctorado obtuve la Medalla al Mérito Académico, por tal razón realicé el siguiente discurso:

Dr. Arturo Fernández Arras, Rector de Cenijur.

Dra. Sonia Gutiérrez Ávalos, Vicerrectora de Cenijur.

Compañeros, familia e invitados de honor.

Quiero agradecer al Doctor Arturo Fernández Arras, la confianza que depositó en el suscrito para hacerme partícipe como alumno de este proyecto denominado Cenijur, por abrirme las puertas del Campus Puebla para obtener la Maestría en Derecho Laboral y permitirme continuar con el Doctorado en el Campus Cancún al que pertenecemos. Gracias por ser no solo un gran docente, por el favor de su amistad.

Lex dura sed lex, pacta sunt servanda, res judicata, soberanía del Estado, relatividad de las sentencias. Estas y otras frases poco a poco han perdido el significado que tenían cuando realicé mi tesis para obtener el título de licenciado en derecho en los ochentas.

Afirmo: "Nuestros derechos existen a pesar de no estar establecidos en la ley. Tenemos derechos humanos a pesar de lo que la ley diga en contrario".

Hoy, podemos y debemos impugnar una norma lato sensu que no sea acorde a lo previsto en la constitución o en los tratados internacionales, no debemos dejar que nos rijan normas inconstitucionales o intratacionales, es decir inconvencionales.

Podemos acudir no solo a la Jurisprudencia de nuestra Corte, también a la de las Cortes internacionales.

El simple hecho de pactar algo, aún en materias como la mercantil no obliga a su cumplimiento cuando existe explotación del hombre por el hombre.

Cuando se trata de grupos vulnerables como el caso de los menores de edad la cosa juzgada no es definitiva.

Bienvenidos al nuevo mundo jurídico, bienvenidos al neoconstitucionalismo y al supra-constitucionalismo.

Hoy nos encontramos inmersos en constantes cambios legales, ello además de que nuestra Carta Magna es modificada a menudo, muchos vemos con esperanza los tratados internacionales y las resoluciones de la Corte Ínter-Americana de Derechos Humanos que han obligado a nuestra Suprema Corte a revisar la forma de ver el derecho y se permita el estudio de inconstitucionalidad e inconvencionalidad difuso, ahora solo falta que nuestros jueces de primera instancia tengan valor para hacerlo sin esperar instrucciones.

¡No debemos dar un paso atrás en la firma de tratados de derechos humanos y sin reservas en los mismos!

El 14 de febrero de 2019 por primera vez la Corte expulsó del orden jurídico una norma declarada inconstitucional. Se cumplió el sueño de mi tesis de licenciatura.

En resumen, regresamos al primer año de derecho y al decálogo del jurista Couture: “Estudia, el derecho se transforma constantemente, si no sigues sus pasos, serás cada día menos abogado”.

“Estudio y dedicación, la clave del éxito, haciendo lo que más nos gusta”.

Gracias por la distinción que me hacen hoy, gracias a todos ustedes compañeros de carrera y de estudios, gracias familia.

D.D. IGNACIO DE JESÚS VÁZQUEZ FLOTA.